반사하고 굴절하는 빛

정완상 지음

BooksHill
이치사이언스

이 책은 각 스테이지별로 재미있는 이야기와 함께 다채로운 코너들로 꾸며져 있습니다.

과학 동화
주인공과 함께 가상공간을 모험하면서 과학의 개념을 쉽고 재미있게 익힐 수 있어요.

과학 영재 되기
이야기에 나왔던 과학의 개념을 교과서와 연관하여 보다 자세하게 배울 수 있어요. (2009년부터 단계적으로 시행되고 있는 새로운 교육과정 기준)

실력 쌓기 퀴즈퀴즈
기본 다지기/ 서프라이즈 진실 혹은 거짓/ 알쏭달쏭 내 생각 등의 다양한 퀴즈를 통해 학습 개념과 관련된 놀랍고 흥미로운 사실들을 알 수 있어요.

부록: 과학자가 쓰는 과학사
이 책의 내용과 관련 있는 과학자가 직접 들려주는 자신의 삶과 업적을 통해 과학자를 더욱 친근하게 만날 수 있어요.

추천의 글

여러분은 상상이 잘 안 되겠지만 선생님은 초등학교 시절 교과서 외에 읽을 수 있는 책이 없었습니다. 한 권 있는 지도책을 보고 또 보며 세계 여러 나라와 도시 이름을 외우며 상상의 나래를 펼치곤 했지요.

50여 년이 지난 지금도 그때 너덜너덜해진 지도책을 생각하면 저절로 지구상의 모든 나라들이 머릿속에 그려집니다. 읍내에 있는 중학교에 들어가면서 다행히 뉴턴과 아인슈타인, 에디슨 등과 같은 인물들을 책으로 만날 수 있었지요. 그때부터 선생님은 과학자가 되겠다는 꿈을 키웠고, 대학에서 과학을 전공하여 교수가 되었습니다.

책은 우리의 미래를 밝히는 등대입니다. 선생님은 "GO! GO! 과학특공대"가 여러분을 더 넓은 세상과 더 나은 미래로 이끄는 푸른 신호등이 되리라 확신합니다. 여러분이 학교에서 배우고 있는 내용들을 즐겁고 재미있게 느끼도록 만들었으니까요.

위대한 과학자 뉴턴은 "나는 진리의 바닷가에서 반짝이는 조개껍질 하나를 줍고 기뻐하는 어린아이와 같다."라고 했습니다. 여러분도 "GO! GO! 과학특공대"를 읽고 뉴턴이 느꼈던 그 기쁨을 마음껏 누려보길 바랍니다.

전우수(전 한국 초등과학교육학회 회장 · 공주교육대학교 교수)

이 책을 읽는 어린이들에게

언제나 날 본체만체하는 우리집 야옹이를 알아가는 것, 친구와 하는 내기에서 빨리 셈하는 방법을 알아내는 것, 밤하늘의 반짝이는 별들의 이름을 찾아보는 것은 즐거운 일이지만, 생물을 공부하고, 수학을 공부하고, 과학을 공부를 하는 것은 어렵습니다.

아니, 솔직하게 말해서 공부는 어렵다기보다 하기 싫은 것이죠. 그럼 왜 공부가 하기 싫을까요? 그것은 어른들한테도 어느 정도 책임이 있답니다. 어른들은 1등, 2등밖에 모르기 때문입니다. 사실 엄마 아빠도 모두가 1, 2등을 한 것도 아니면서 말입니다.

학교 갔다 와서 친구들과 축구를 한다거나 컴퓨터 게임을 하면 재미있죠. 맞습니다. 이 글을 쓴 선생님도 학교 갔다 오면 친구들과 동네를 휩쓸고 다니며 노는 것이 공부보다 즐거웠답니다. 그렇게 놀기만 하다 보니 공부가 점점 더 싫어지더라고요.

그러다가 된통 어머니께 꾸중을 들은 날이 있었습니다. 그날 눈물콧물 줄줄 흘리며 혼자 방 안에 앉아 있는데 '그렇게 놀기만 해서는 커서 빈털터리 건달밖에 안 돼.'라는 어머니 말씀이 자꾸 생각나더라고요. 그래서 공부하는 데 취미를 붙여 보려고 책 읽는 연습부터 했죠. 하기 싫은 것을 억지로 한다고 해서 될 것이 아니라는 것을 알았기 때문에, 책 읽는 연습부터 한 거예요.

일을 안 하고는 생활할 수 없듯이, 여러분도 아주 조금씩이라도 공부에 관심을 가져야 합니다. 이건 경험을 통해 알게 된 거예요.

그래서 전 어렸을 때 저처럼 아주 공부하기를 지겨워하는 학생들을 위해 이 책을 썼습니다. 이 책을 재미있게 읽다 보면 몰입하는 즐거움을 느낄 수 있습니다.

몰입이 뭐냐고요? 몰입은 한 가지 일에 푹 빠지는 것을 말합니다. 그러다 보면 바깥이 궁금하거나 컴퓨터를 켜고 싶은 생각은 싹 사라지고, 궁둥이도 무거워지겠지요.

이 책에서 여러분은 꼭 배워야 할 내용들을 생활이며, 체험이며, 놀며 즐기는 놀이로 알아갈 수 있습니다. 어떻게 그렇게 하냐고요? 이 책을 통하면 못할 것이 없습니다. 어디든 갈 수 있고 무엇이든 할 수 있죠. 이 책의 주인공들이 경험하는 일들은 모두 우리가 배워야 할 것들이고, 신기하게도 이 친구들을 따라가다 보면 지겨울 틈도, 졸릴 틈도 없답니다.

사실이냐고요? 그럼 선생님 말이 맞나 안 맞나 확인해 보면 되죠. 책장을 펼치고 기대해 보세요. 선생님이 공부를 즐겁게 할 수 있는 마법을 걸어 줄게요. 준비가 되었다면 힘차게 책장을 넘겨 봅시다.

지은이 씀

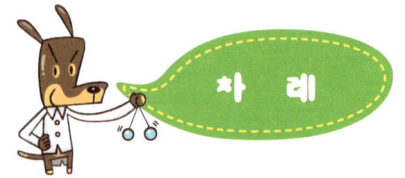

차 례

빛 | **주인공 소개** ★ 08

스테이지 1 **불이야!** 빛과 물체의 빛깔 ★ 10

과학 영재 되기_ 24
- 빛과 물체의 색깔 / 투명한 물체 / 그림자 / 하늘이 파란 이유
- 생활 과학 카페: 신호등_ 30

실력 쌓기 퀴즈퀴즈_ 31
- 기본 다지기 / 서프라이즈 진실 혹은 거짓 / 알쏭달쏭 내 생각

아하! 알았다 정답_ 34

스테이지 2 **콘헤드 선생님의 못 말리는 거울** 빛의 반사와 거울 ★ 36

과학 영재 되기_ 50
- 빛의 반사 / 여러 가지 거울 / 정반사와 난반사
- 생활 과학 카페: 홀로그램_ 54

실력 쌓기 퀴즈퀴즈_ 55
- 기본 다지기 / 서프라이즈 진실 혹은 거짓 / 알쏭달쏭 내 생각

아하! 알았다 정답_ 58

스테이지 3   **숏다리 콘헤드 선생님**   빛의 굴절과 렌즈   ★ 60

과학 영재 되기_ 76
- 빛의 굴절 / 렌즈 이야기 / 빛의 분산과 무지개 / 신기루
- 생활 과학 카페: 안경의 원리_ 82

실력 쌓기 퀴즈퀴즈_ 83
- 기본 다지기 / 서프라이즈 진실 혹은 거짓 / 알쏭달쏭 내 생각

아하! 알았다 정답_ 86

스테이지 4   **프러포즈 대작전**   보이지 않는 빛   ★ 88

과학 영재 되기_ 106
- 눈에 보이지 않는 빛 / X선의 발견 / 빛의 속력
- 생활 과학 카페: 형광등과 네온사인_ 110

실력 쌓기 퀴즈퀴즈_ 111
- 기본 다지기 / 서프라이즈 진실 혹은 거짓 / 알쏭달쏭 내 생각

아하! 알았다 정답_ 114

부록 | 뉴턴이 쓰는 과학사   ★ 116

[주인공 소개]

안녕? 나는 피즈팬이라고 해.

피즈팬

물리천재 피즈팬은 12살 소년이다.
피즈팬은 다른 아이들처럼 학교에 다니지 않고,
아빠가 만들어 주신 SR로 무엇이든 공부할 수 있다.
SR은 Scientific Reality!
번역하면 '과학현실'이라는 프로그램이다.
우리가 가상현실 게임 속에서
로켓 조종사가 되기도 하고
골프선수가 되기도 하듯
피즈팬은 SR을 통해 다양한 세계를 여행하면서
물리에 대한 모든 것을 배울 수 있다.

피즈팬이 오늘 배우고 싶은 주제는 '빛'에 관한 것이다.
물리천재에게 그런 게 왜 필요하냐고?
아빠는 기본 개념에 충실해야 한다고 항상 강조하신다.
그래서 피즈팬은 빛에 대한 SR을 시행하기로 결심했다.
피즈팬이 SR의 초기화면에서 '**과학 〉물리 〉빛**'을 선택하자
다음과 같은 메시지가 나타났다.

빛에 대한 SR 프로그램입니다.
당신은 다음 상황을 체험하게 됩니다.

☐ 개구쟁이 피즈팬

불이야!
빛과 물체의 빛깔

우리 눈에 보이는 빛은 빨강·주황·노랑·초록·파랑·남색·보라의 **일곱 가지 색깔의 빛**으로 이루어져 있다. 이들을 모두 합치면 **흰빛**이 된다.

워터즈 마을은 바닷가에 위치한 조용하고 작은 섬마을이다. 워터즈 마을을 감싸듯 서 있는 나무들은 벌써 알록달록한 색깔 옷으로 갈아입기 시작했다. 시원한 바람이 피즈팬의 볼을 살며시 간질였다.

"제니, 이제 정말 가을인가 봐. 난 가을이 참 좋더라. 바다에서 수영할 수 있는 여름보단 못하지만…… 히히."

피즈팬이 이를 하얗게 드러내며 웃었다. 여름 내내 얼마나 신나게 놀았는지 피즈팬의 얼굴은 까맣게 그을린 자국이 선명했다.

"천고마비의 계절 가을은 독서의 계절이기도 하니까 너도 책 좀 많이 읽어라, 알았지?"

노랑머리 제니가 새침하게 말했다. 제니는 항상 단정한 옷차림을 좋아하는 공부벌레로, 피즈팬 학급의 반장이다.

"하늘은 높고 말이 살찌는 가을이니까 공부 좀 하라고?"

피즈팬이 장난스럽게 제니의 말을 받아쳤다.

"헤헤, 나도 가을이 좋아. 먹을 게 많아서 먹고 또 먹고……. 으흐흐~"

불룩한 배에 양쪽 볼은 왕사탕 두 개를 문 것 같이 빵빵한 먹보 헨리가 군침을 흘렸다.

"어휴, 못 말려!"

제니가 한 손으로 이마를 짚으며 한숨을 쉬었다.

"하하하, 먹는 생각밖에 안 하는 헨리를 누가 말려!"

개구쟁이 피즈팬이 배를 움켜쥐고 낄낄댔다.

"둘 다 정말 못 말린다니까."

제니는 혀를 끌끌 차며 두 사람을 한심하게 쳐다봤다.

워터즈 초등학교에 다니는 피즈팬과 제니, 그리고 헨리는 늘 등교를 함께했다. 바닷가를 돌아 한적한 숲길을 따라 걷다 보니 벌써 학교가 눈앞에 보였다.

"제니~, 내 구두 어때? 뉴욕에 사는 우리 삼촌이 보내주신 거야. 내 사랑 제니도 갖고 싶으면 얘기해. 제니의 백마 탄 기사인 나, 로니가 당장 삼촌한테 우리 제니 구두 한 켤레 더 부치라고 말할게. 알았지?"

언제 나타났는지 로니가 느끼한 말투로 제니에게 말을 걸었다.

　기름기가 좔좔 흐르는 머리카락을 한 올도 남김없이 훌렁 뒤로 넘겨 붙인 로니는 번쩍번쩍 광택이 나는 하얀 구두를 신고 있었다. 잘난 체하기를 좋아하는 로니는 제니를 짝사랑하는 것도 여기저기 떠들고 다녔다. 아이들은 그런 로니를 '느끼 대마왕'으로 불렀다. 어찌 됐든 잘난척 심하고 느끼한 로니도 제니가 한마디 하면 꼼짝 못하고 꽁무니만 졸졸 쫓아다녔다.

"쟤는 뭐야? 또 시작이다. 귀 막아!"

피즈팬은 두 손으로 귀를 틀어막으며 로니의 시선을 피했다.

"우와, 나 이렇게 좋은 구두는 처음 봐. 이런 건 어디서 사는 거야? 나도 갖고 싶다."

먹보대장 헨리가 로니의 구두에서 시선을 떼지 못하고 부러워했다.

"그만 좀 해! 학교에 다 왔잖아. 언제까지 그렇게 말장난만 하고 있을 거야?"

모였다 하면 사고에, 장난에, 감당 안 되는 세 친구를 말리는 것은 항상 제니의 몫이었다.

딩동댕-

드디어 수업종이 학교 전체에 울려 퍼졌다. 교실문 밖으로 담임인 콘헤드 선생님의 머리가 보이자 아이들은 우르르 자기 자리에 앉았다.

콘헤드 선생님은 워터즈 마을의 학교가 첫 부임지인 병아리 선생님이다. 큰 키와 삐쩍 마른 몸매에 항상 코끝에 내려와 있는 두꺼운 안경 때문에 대나무벌레를 연상시켰다. 그러나 윤기가 흐르는 짙은 갈색 머리는 당당한 수탉의 볏 모양을 하고 있었다. 콘헤드 선생님은 닭 볏 머리 모양을 빼고는 어수룩해 보였지만, 아이들을 사랑하고 큰소리를 한 번도 낸 적 없는 다정한 분이었다.

"여러분, 여름방학 동안 신나게 놀고 왔나요? 오랜만에 만나니 모두 반갑죠?"

콘헤드 선생님의 말에 학생들은 입을 모아 그렇다고 합창했다. 특히 얼굴이 까무잡잡하게 탄 아이들은 누가 봐도 방학 내내 밖에서 열심히 뛰어논듯 보였다.

"자, 오늘 첫 수업은 과학이니, 모두 책을 펴고……."

아이들은 개학날이어서인지 첫 수업이 지루하리만큼 길게 느껴졌다. 그렇게 두 번째 수업, 세 번째 수업…… 점심시간이 지나고, 어느덧 모두가 나른해지는 오후 수업이 시작되었다.

"모두 이 문제를 풀어 봅시다. 채점을 해서 오늘 청소당번을 정할 거니까 열심히 풀어요, 알았죠?"

콘헤드 선생님은 아이들에게 문제 풀이를 시킨 후 안경을 벗고 책상에 앉았다. 그리고 크게 기지개를 펴더니 잠시 후 꾸벅꾸벅 졸기 시작했다. 점심을 먹고 난 다음이라 선생님도 나른한 모양이었다.

한편, 슬슬 장난기가 발동하기 시작한 피즈팬은 이때다 싶어 슬금슬금 자리에서 일어났다.

"뭐하는 거야, 피즈팬? 자리로 돌아가, 어서!"

반장 제니가 작은 목소리로 피즈팬을 불러 세웠다. 하지만 피즈팬은 검지를 입술에 갖다대고 눈을 찡긋했다. 살금살금 교탁 옆 선생님 책상으로 다가간 피즈팬은 조심스럽게 선생님의 안경을 집어 들었다. 콘헤드 선생님은 여전히 고개를 꾸벅거리며 졸고 있었다.

"크크크, 잘 봐."

피즈팬은 장난기 가득한 얼굴로 제니를 보며 말했다.

"어서 이리 와. 선생님한테 혼나려고……."

제니는 목소리를 죽이며 피즈팬을 말리려고 안간힘을 썼지만 속수무책이었다.

피즈팬은 빨간 유성 매직으로 선생님의 돋보기안경을 색칠하기 시작했다. 제니를 뺀 반 친구들은 키득키득 웃음을 애써 참으며, 기대에 찬 눈으로 피즈팬의 행동을 지켜보았다.

색칠이 끝나자 피즈팬은 콘헤드 선생님의 안경을 책상 위에 올려놓고는 살금살금 제 자리로 가서 앉았다. 그리고 시치미를 떼고 선생님을 큰 소리로 불렀다.

"어? 어, 알았다. 채점해야지."

콘헤드 선생님은 책상 위에 벗어 두었던 안경을 얼른 썼다. 그리고 정신을 차리는 순간, 소스라치게 놀라며 의자를 박차고 일어났다.

"불이야, 불! 모두 비상구로 대피해, 어서! 불이야~!"

갑자기 콘헤드 선생님이 아이들을 향해 대피하라고 고함을 질렀다. 모든 것이 붉은색으로 보여서 불이 났다고 착각한 것이다. 하지만 아이들이 꼼짝 않고 앉아 있자, 선생님은 자신이 너무 흥분한 것 같다며 심호흡을 크게 두 번 했다.

"그래. 흠, 좋은 태도다. 자, 자, 이럴 때일수록 당황하지

말고 질서를 지켜서……."

콘헤드 선생님은 교실문을 향해 걸어가면서 침착하게 말했다.

"푸하하하하……."

숨죽인 채 웃음을 참고 있던 아이들이 한꺼번에 웃음을 터뜨렸다. 그때, 교실문이 벌컥 열렸다.

"아니, 이게 무슨 일인가요, 콘헤드 선생?"

복도를 지나던 칸 교장선생님이 불이라는 고함과 웃음소리에 놀라 다급하게 뛰어온 것이다. 아이들은 일시에 웃음을 뚝 멈추었고, 교실에는 침묵만이 감돌았다.

"앗, 교장선생님!"

콘헤드 선생님은 또 한 번 놀라고 말았다.

땅딸막한 칸 교장선생님은 작은 눈을 번뜩이며 교실 안을 훑어보았다.

"쯔쯧, 넌 이제 죽었다 피즈팬."

로니가 교장선생님에게 잘 보이려고 머리를 빗어 넘기며 피즈팬을 향해 혀를 찼다. 사실 로니는 교장선생님이 들어오기 전까지 누구보다 크게 웃고 있었다.

"아니……, 교장선생님까지 오실 줄은……."

교장선생님의 등장에 기가 죽은 피즈팬은 고개를 숙인 채 혼잣말을 했다.

"콘헤드 선생. 지금 뭘 하고 있는 거죠? 다 큰 어른이 학생들 장난에 넘어가기나 하고!"

콘헤드 선생님의 빨간 안경을 본 교장선생님은 불같이 화를 내며 선생님을 나무랐다. 당황한 선생님은 얼굴이 빨개진 채 아무 말도 하지 못했다.

'어이쿠, 교장선생님 나가시면 난 이제 큰일났다.'

교장선생님이 나가자 피즈팬은 선생님의 불호령이 떨어지기를 초조하게 기다렸다. 그런데 잠시 침묵이 흐른 후, 선생님은 가만히 입을 열었다.

"애들아, 그렇게 기죽을 필요 없어. 너희는 장난기 많은 나이잖니. 문제 풀이만 시키고 깜빡 졸았던 내 잘못이다. 자, 자, 어깨 쭉 펴자! 선생님은 너희들을 다 이해한다."

콘헤드 선생님은 오히려 피즈팬과 반 아이들을 위로했다. 피즈팬은 선생님에게 미안하면서도 고마운 생각이 들었다. 하지만 그것도 잠시, 피즈팬은 선생님의 한마디에 다시 오금이 저려왔다.

"자, 그럼 문제 풀이 채점해야지. 앞에서부터 차례대로 가지고 나오도록!"

"아휴, 장난치느라 한 문제도 못 풀었는데……."

피즈팬은 울상을 지으며 중얼거렸다.

"흥! 오늘 청소당번은 보나마나 피즈팬 너겠구나. 청소 도와달란 말은 절대 사절이야!"

제니는 피즈팬에게 '메롱'하고 혀를 쭉 내밀었다.

결국 문제 풀이 대신 열심히 장난만 친 피즈팬은 수업이 끝난 뒤 혼자 남아서 교실 청소를 하게 되었다.

당신은 스테이지 1을 통과했습니다.
다음 아이템을 받을 수 있습니다.

구면 거울

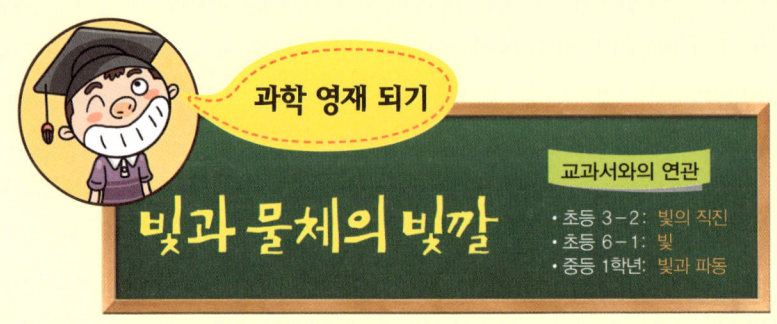

빛과 물체의 색깔

우리 눈에 보이는 빛을 가시광선이라고 하는데, 빨강·주황·노랑·초록·파랑·남색·보라 등 일곱 가지 색깔의 빛으로 이루어져 있습니다. 이들이 모두 합쳐지면 흰색의 빛이 되지요.

 물체들이 서로 다른 색깔을 띠는 이유는 뭘까요? 그것은 물체들마다 자신이 흡수하는 빛과 반사하는 빛의 색깔이 다르기 때문이에요. 사과를 예로 들어볼게요. 빨간 사과가 빨갛게 보이는 것은 사과가 빨간색의 빛만 반사시키고 다른 여섯 색깔의 빛은 모두 흡수하기 때문입니다. 즉 사과에서 반사되어 우리 눈으로 들어오는 빛이 빨간색 빛밖에 없으므로 사과가 빨갛게 보이는 거지요.

 그러면 머리카락은 왜 검게 보일까요? 검은색을 띠는 물

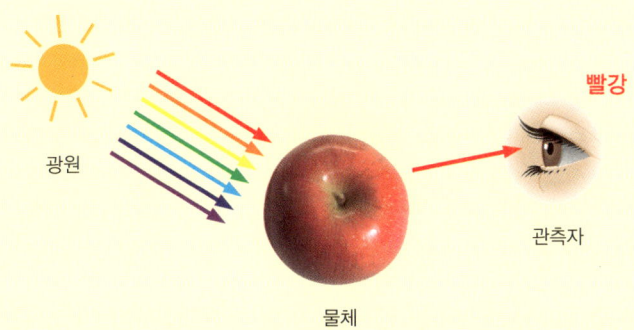

체는 욕심쟁이라고 할 수 있어요. 일곱 색깔의 빛을 모두 흡수하니까요. 머리카락에서 반사되어 우리 눈으로 들어오는 빛이 없기 때문에 머리카락은 검게 보이는 거랍니다.

반대로 흰 물체는 모든 색깔의 빛을 다 반사시켜요. 따라서 우리 눈에는 일곱 색깔의 빛이 모두 들어오고, 그 빛들이 다시 합쳐져서 하얗게 보이는 거지요.

투명한 물체

유리를 통해서 보면, 왜 밖에 있는 것이 그대로 보일까요? 유리와 같은 물체를 투명한 물체라고 하는데, 투명한 물체는 모든 빛을 그대로 지나치게 하는 성질을 가지고 있어요. 그래서 유리창을 통해 밖에 있는 초록색 나뭇잎을 보면 똑같이 초록색으로 보입니다. 나뭇잎이 반사시킨 초록색의 빛이 유리를 통해 그대로 우리 눈으로 들어오기 때문이지요.

만약 셀로판지나 선글라스를 눈에 대고 밖을 본다면 유리창을 통해서 볼 때와는 다릅니다. 왜 그럴까요? 그것은 셀로판지와 선글라스에 색깔이 입혀져 있기 때문이에요.

예를 들어, 빨간 셀로판지는 빨간색의 빛만 투과시키고 그 외의 색깔의 빛이 지나가는 것을 막아요. 그래서 빨간 셀로판지를 통해 물체를 보면 온통 빨갛게 보이지요. 마찬가지로 다른 색의 셀로판지나 선글라스를 통해 물체를 보면, 물체는 해당 셀로판지나 선글라스의 렌즈 색깔로 보인답니다.

셀로판지를 통해 물체를 보면 물체는 셀로판지 색으로 보여요.

그림자

그림자는 왜 생길까요? 그것은 물체가 빛을 가리기 때문이에요. 전구나 태양처럼 빛을 내는 물체를 광원이라고 해요. 그런데 광원에서 나온 빛이 물체에 가려지면, 빛이 그 물체를 통과하지 못해 물체의 뒤쪽에 그림자가 생기게 됩니다. 이렇게 그림자는 항상 빛이 비치는 곳의 반대쪽에 생겨요.

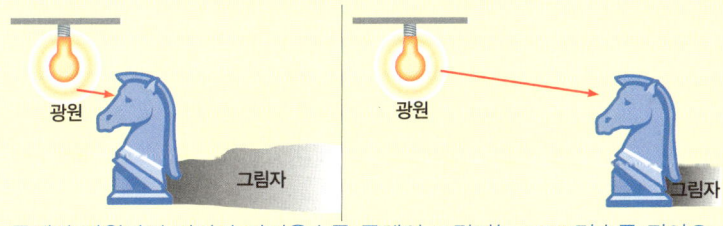

물체와 광원과의 거리가 가까울수록 물체의 그림자는 크고 멀수록 작아요.

　물체가 광원에 가까워질 때와 멀어질 때 그림자의 크기가 달라져요. 물체가 광원보다 클 때는, 물체와 광원과의 거리가 가까울수록 그림자가 커지고, 반대로 광원에서 멀어질수록 그림자의 크기는 작아져요. 광원이 물체보다 클 때는 물체의 위치와 관계없이 그림자의 크기가 일정해요.

하늘이 파란 이유

화창한 날 하늘을 보면 파랗죠? 하늘은 왜 노랑이나 초록색이 아닌 파란색일까요?

하늘에는 공기가 있어요. 그런데 태양으로부터 오는 빛이 공기와 충돌하면, 공기 알갱이들이 주로 파란색만 반사시키고 다른 색깔의 빛은 흡수시킵니다. 그 반사된 빛이 우리 눈에 들어오니까 하늘이 파랗게 보이는 거예요.

그러면, 구름은 왜 하얀색일까요? 구름 속에는 크고 작은 물방울들이 있는데, 큰 물방울은 주로 빨간색의 빛을 반사시키고, 작은 물방울은 주로 파란색이나 보라색의 빛을 반사시

하늘이 파랗고, 구름이 하얗게 보이는 것은 빛의 반사 때문이에요.

켜요. 이렇게 크고 작은 물방울들이 반사시킨 일곱 색깔의 빛이 합해져 흰색으로 보이는 거예요.

그런데 검게 보이는 구름도 있어요. 바로 먹구름이지요. 먹구름은 비를 머금고 있는 경우가 많아요. 구름 속의 물방울들이 서로 합쳐지면서 아주 큰 물방울들이 되는데, 이 물방울들은 빛을 반사시킴과 동시에 흡수하기 때문에 빛이 구름을 통과하지 못해요. 이렇게 우리 눈에 들어오는 빛이 없으므로 구름이 검게 보이는 거랍니다.

한편 구름이 적은 날, 해질 무렵에 서쪽 하늘이 붉게 물들어 있는 것을 볼 수가 있지요. 이것은 바로 저녁노을 때문입니다. 그렇다면 저녁노을이 붉은 이유는 무엇일까요?

새벽이나 아침, 저녁에는 태양이 낮게 떠 있어서 햇빛이 대기를 통과하는 거리가 길어요. 따라서 햇빛 중 사방으로 퍼져 나가는 성질이 있는 파란색 빛은 우리가 볼 수 있는 곳까지 도달하지 못해요. 반면 빨간색 빛은 잘 퍼지지 않기 때문에 우리가 볼 수 있는 곳까지 도달되어 하늘이 붉게 보이는 거랍니다.

노을은 빨간색 빛과 관계 있어요.

생활 과학 카페

신호등

신호등의 정지신호는 빨간색 불빛을 사용합니다. 그런데 왜 초록색이나 노란색이 아닌 빨간색 불빛을 사용할까요?

빨간색 빛은 공기 중에 잘 흩어지지 않는 성질이 있습니다. 그러므로 다른 색깔의 빛보다 먼 곳까지 빛을 전달할 수 있지요.

이런 성질을 이용한 대표적인 경우가 바로 신호등의 정지신호입니다. 즉 먼 거리에서도 정지 신호가 잘 보이도록 하기 위해 빨간색 빛을 사용하는 것이지요.

그 밖에 또 다른 예로 간판의 불빛을 들 수 있습니다. 주로 붉은색을 띠는 간판의 불빛은 먼 곳에 있는 사람들에게도 그 가게를 잘 보이게 하기 위해서입니다.

기본 다지기

1. 빨간색과 파란색을 반반씩 칠한 팽이를 돌리면 무슨 색으로 보일까?

    a) 노란색   b) 검은색   c) 보라색

2. 달의 하늘은 무슨 색일까?

    a) 검은색   b) 푸른색   c) 붉은색

3. 빨간색 셀로판지로 파란 물체를 보면 물체가 어떤 색깔로 보일까?

    a) 빨간색   b) 파란색   c) 검은색

> 서프라이즈 진실 혹은 거짓

1. 하루 동안 나무 그림자는 그 길이와 방향이 일정하다.

    ☐ 진실   ☐ 거짓

2. 전구에 의한 물체의 그림자가 태양에 의한 그림자보다 선명하다.

    ☐ 진실   ☐ 거짓

3. 일곱 색깔의 물감을 모두 섞으면 흰색이 된다.

    ☐ 진실   ☐ 거짓

4. 아주 깊은 바닷속에서는 모든 물체가 검게 보인다.

    ☐ 진실   ☐ 거짓

> **알쏭달쏭** 내 생각

김푸름 씨는 푸른색을 아주 좋아한다. 그래서 그는 이번 여름에는 푸른색 옷만 입기로 결심하고 백화점에 옷을 사러 갔다. 그리고 아주 밝은 형광등 아래에 진열되어 있는 푸른색 티셔츠를 보았다.

"그래. 저게 바로 내가 찾던 새파란 옷이야."

그는 그 자리에서 망설임 없이 옷을 샀다. 그리고 그날 밤 그 옷을 입고 푸른색 옷을 좋아하는 사람들의 모임에 나갔다. 자신의 완벽한 푸른색 옷을 자랑하기 위해서였다.

그런데 그 자리에 모인 친구들은 김푸름 씨의 옷이 새파란색이 아니라 푸르스름한 색이라고 말했다.

왜 친구들은 김푸름 씨의 옷을 보고 새파란색이 아니라고 했을까? 여러분의 생각은?

아하! 알았다
정답

기본 다지기

1. c) 빨간색과 파란색이 합쳐져 보라색으로 보인다. 마찬가지로 파란색과 노란색을 칠한 팽이를 돌리면 초록색으로, 빨간색과 노란색을 칠한 팽이를 돌리면 주황색으로 보인다. 그리고 일곱 색깔을 모두 칠한 팽이를 돌리면 흰색으로 보인다.

2. a) 달에는 공기가 없으므로 빛을 반사시킬 알갱이가 없다. 그러므로 달의 하늘은 낮에도 검은색이다.

3. c) 빨간 셀로판지는 빨간색만을 통과시키는데, 파란 물체에서는 빨간색의 빛이 나오지 않으므로 물체는 검게 보이게 된다.

서프라이즈 진실 혹은 거짓

1. 거짓
   물체의 위치가 고정되어 있어도 광원의 위치를 바꾸면, 물체의 그림자가 커지거나 작아진다. 따라서 광원인 태양이 하루 동안 조금씩 위치가 변하므로 고정된 물체인 나무의 그림자도 그 길이와 방향이 계속 바뀐다.

2. 거짓
   물체는 그대로 두고 광원을 물체 쪽으로 가까이 가져가면, 그림자는 커지지만 흐릿해진다. 즉 광원이 멀수록 그림자가 선명해진다. 따라서 태양은 물체로부터 아주 멀리 떨어져 있으므로 태양의 그림자가 전구의 그림자보다 훨씬 선명하다.

3. 거짓

일곱 색깔의 빛을 모두 섞으면 흰빛이 된다. 하지만 일곱 색깔의 물감을 섞었을 때는 검은색을 띠는데, 물감은 모든 색깔의 빛을 흡수하기 때문이다.

4. 진실

빛이 물속으로 들어가면 물에 흡수된다. 바닷물은 빨간색의 빛부터 흡수하기 시작하여 점점 깊어질수록 보라색의 빛까지 모두 흡수한다. 그래서 아주 깊은 곳에서는 더 이상 빛이 오지 않아 모든 물체가 검게 보이게 된다.

알쏭달쏭 내 생각

답 형광등 빛은 햇빛과 다르다.

형광등 빛에는 햇빛보다 파란색의 빛이 더 많이 포함되어 있다. 그러므로 형광등 아래에서 파랗게 보이는 것이 햇빛에서는 그리 푸르게 보이지 않을 수도 있다.

스테이지 2

콘헤드 선생님의 못 말리는 거울
빛의 반사와 거울

빛이 거울 면에서 **반사**될 때, 거울로 들어가는 각도와 거울로부터 반사되는 각도는 같다.

바닷가를 놀이터 삼아 신나게 뛰어놀던 피즈팬은 쌀쌀한 가을이 되자 고민에 빠졌다. 바다로부터 불어오는 찬바람 때문에 친구들이 바닷가에 놀러 나오지 않기 때문이다. 심심한 피즈팬은 언제나처럼 장난기 가득한 얼굴로 친구들을 불러 모으기 시작했다.

"로니, 헨리! 선생님 집에 놀러 가자."

"피즈팬, 네가 콘헤드 선생님을 그렇게 좋아하는 줄 몰랐는 걸. 근데 우리 제니도 부르면 안 될까?"

오늘도 어김없이 머릿기름으로 잔뜩 멋을 낸 로니가 제니를 챙겼다.

"야, 안 돼~! 바른생활 제니는 빼고 우리끼리 가자."

"우리 제니가 좀 까다롭긴 하지만 그게 또 제니 매력이라고……."

로니는 아쉽다는 듯 어깨를 으쓱했다. 피즈팬은 제니가 있을 때 짓궂은 장난을 했다간 엄마보다 심한 잔소리를 들어야 하기 때문에 제니가 끼는 것이 탐탁지 않았다.

"흐~ 선생님 댁에 가면 맛있는 거 해주시겠지?"

헨리가 기도하듯 두 손을 맞잡고 들뜬 목소리로 말했다.
"어쩌면!"
피즈팬이 짧게 대답했다.
워터즈 초등학교의 정문을 끼고, 왼쪽으로 조금 가다보면 콘헤드 선생님이 혼자 살고 있는 집이 나왔다.
"선생님, 콘헤드 선생님!"
피즈팬과 친구들은 목청을 높여 선생님을 불렀다. 하지만 몇 번을 불러도 안에서는 아무 대답이 없었다.
"피즈팬, 선생님 안 계시나 봐."
헨리가 실망한 표정으로 우물쭈물 말했다.
"그래, 피즈팬. 우리 제니랑 함께 왔으면 이런 일은 없었을 텐데……."
로니가 아쉽다는 표정으로 말했다.
"그만 가자, 피즈팬. 우리 집에 가서 엄마한테 쿠키나 구워 달래자, 응?"
앉으나 서나 먹는 생각밖에 안하는 먹보대장 헨리가 피즈팬의 팔을 흔들었다.

"가만있어 봐, 헨리!"

피즈팬은 애꿎은 헨리에게 톡 쏘아 말했다. 피즈팬도 선생님이 안 계실 거라는 생각을 미처 하지 못했기 때문에 당황스러웠다. 피즈팬은 현관문 손잡이를 가만히 당겨 보았다.

철커덕, 키~익.

"어, 문이 열려 있어! 우리 들어가서 선생님 기다리자."

피즈팬이 문의 손잡이를 잡은 채 환한 얼굴로 친구들을 돌아봤다.

"피즈팬, 선생님 안 계시잖아. 그냥 돌아가자."

보기보다 겁이 많은 로니는 꺼림칙하여 발길을 돌리고 싶었다. 하지만 피즈팬은 이미 안으로 들어가 버린 후였다. 로니와 헨리는 어쩔 수 없이 피즈팬을 따라 선생님 집으로 들어섰다.

"어, 거울이네. 선생님이 매일 이 거울을 보시겠지?"

헨리가 벽에 걸려 있는 전신거울을 보고 중얼거렸다.

"앗, 그거야! 헨리 네 덕분에 좋은 생각이 떠올랐어."

피즈팬이 헨리의 어깨를 툭 치며 찡긋 윙크를 했다.

"그게 무슨 말이야, 피즈팬?"

"두고 보면 알아. 자, 우리 이 거울 가지고 우리 집으로 가자!"

"뭐라고? 선생님 거울을…… 피즈팬, 너 제정신이야?"

피즈팬의 말에 로니가 펄쩍 뛰었다. 헨리도 눈을 동그랗게 뜨고 피즈팬을 바라보았다.

"얘들아, 나만 믿어! 일단 시간이 없으니까 서둘러. 선생님이 오시기 전에 다시 가져다 놔야 하니까."

로니와 헨리가 말리는데도 불구하고, 피즈팬은 거울을 들고 현관문을 급하게 나섰다. 로니와 헨리는 영문도 모른 채 피즈팬 뒤를 따라갔다.

집에 도착한 피즈팬은 후다닥 신발을 벗고 방 안으로 뛰어 들어가더니 다시 그 거울을 들고 나왔다.

"피즈팬, 왜 똑같은 거울을 들고 왔다갔다 하는 거야? 이걸 어디다 쓰려고? 엥, 이게 뭐야! 이 꽃미남 로니가 언제

이렇게 뚱뚱해졌지? 완전 뚱보 헨리 같잖아."

로니가 거울에 비친 자신의 모습을 보고 깜짝 놀라며 울상이 되었다.

"으히히히, 로니 너도 이제 날 닮아 가나 봐."

헨리가 로니의 모습을 보고 배꼽을 잡으며 웃었다.

"하하. 그건 거울 때문이야. 이 거울을 선생님 거울이랑 바꿔치기 할 거야."

"피즈팬, 대체 무슨 꿍꿍이속이니? 똑같은 거울이잖아."

"으흐흐…… 로니, 자세히 봐바. 똑같은 거울이 아니야."

피즈팬은 혼자 낄낄대며 웃었다.

"뭐가 다른데 피즈팬?"

헨리가 피즈팬의 팔을 흔들며 물었다.

"바보, 방금 로니의 행동 못 봤어? 선생님도 거울을 보고 로니처럼 화들짝 놀랄 거야. 크큭."

피즈팬은 눈을 반짝이며 이유를 설명해 주었다.

헐레벌떡 선생님 댁에 간 세 악동은 서둘러 구면 거울을 원래 자리에 걸어놓고 집을 빠져나왔다. 그리고 선생님의 집 담벼락 옆에서 쭈그리고 앉아 선생님을 기다렸다.

세 사람은 잠자코 귀를 기울였다. 운동복 차림의 선생님이 저 멀리 보였다. 이윽고 집으로 들어간 선생님의 목소리가 창문 밖으로 새어 나왔다.

"악~, 내가 언제 이렇게 뚱뚱해진 거야! 이러다 평생 여자 친구도 못 사귀는 거 아냐? 흑! 당장 살과의 전쟁을 시작해야겠어."

콘헤드 선생님의 목소리가 떨렸다. 거울을 보고 크게 충격을 받은 모양이었다.

"푸하, 내 이럴 줄 알았다니까."

피즈팬은 혹시라도 선생님에게 들킬까봐 밖으로 터져 나오는 웃음을 억지로 참으며 속삭였다.

"우리 선생님 너무 순진하시다. 크크~"

로니와 헨리도 입을 모아 낄낄댔다.

그러나 며칠 후 선생님이 병원에 입원했다는 소식이 세 악동에게 전해졌다.

"뭐야, 무리하게 다이어트를 하다가 영양실조로 쓰러지셨다고? 말도 안 돼!"

소식을 전해들은 피즈팬은 깜짝 놀라서 할 말을 잃었다.

"맞다니까. 우리 엄마가 선생님 병문안 가서 들었대. 갑자기 뚱뚱해져서 다이어트를 무리하게 하다가 그만……."

헨리는 죄책감 때문에 손가락을 꼼지락거리며 말했다.

"이게 다 피즈팬 너 때문이야. 괜한 장난을 해 가지고 선생님이 입원까지 하게 만들고……."

로니가 피즈팬을 흘겨보며 말했다. 로니는 제니 앞에서만 터프한 버터왕자처럼 행동한다. 지금처럼 불리한 상황인데 제니마저 없으면, 가장 먼저 꽁무니를 뺐다.

"그만 좀 징징거려! 좋아, 내가 벌인 일, 내가 책임진다. 알았어?"

피즈팬은 친구들에게 버럭 화를 내고는 두 주먹을 불끈 쥐었다.

학교를 마친 피즈팬은 두 친구를 데리고 자기 집으로 갔다.

"우와~, 내가 언제 이렇게 날씬해졌지?"

피즈팬 방에 들어선 헨리가 거울에 비친 날씬한 자기 모습을 보고 기쁜 목소리로 외쳤다. 그 거울은 실제 모습보다 홀쭉하게 비쳐주는 거울이었다. 헨리는 모델이라도 된 듯 이리저리 폼을 잡으며 거울 앞을 좀처럼 떠날 줄 몰랐다.

"풋! 헨리, 정신 차려! 피즈팬, 너 또 어쩌려고 그래?"

로니는 앞으로 무슨 일이 벌어질지 내심 기대하면서도,

머릿속으로는 꿍무니 뺄 궁리를 하며 피즈팬에게 물었다.

"머리 좀 그만 굴려, 로니. 깡통 굴러가는 소리가 다 들린다고! 선생님 집에 이 거울을 걸어놓으면 이제 다이어트 생각은 안 하실 거야. 어때 굿 아이디어지?"

피즈팬은 의기양양 어깨를 으쓱거렸다.

"역시, 피즈팬 넌 천재야!"

헨리가 피즈팬을 향해 엄지손가락을 치켜세웠다.

"나도 피즈팬이 잔머리 굴리는 데는 최고라고 생각해."

로니가 말했다.

세 사람은 한바탕 신나게 웃었다. 그리고 세 악동은 퇴원하는 선생님보다 먼저 집으로 달려가서 거울을 바꾸어 놓았다.

"음, 집에 오니까 마음이 편하군. 어라? 내가 이렇게 심하게 다이어트를 했었나? 병원에서 이제 괜찮다고 했는데, 희한하네. 삐쩍 말라 뼈만 앙상하게 남은 것 같잖아. 이러다간 더 여자 친구 못 만들겠다. 얼른 많이 먹고 통통해져야지."

단순하고 순진한 콘헤드 선생님은 거울에 비친 자신의 모

습을 보고 또 한숨을 내쉬었다.

"휴~ 다행이다. 다시는 선생님이 다이어트 할 생각은 안 하실 거야."

창문 틈 사이로 선생님을 지켜보던 피즈팬이 두 친구를 향해 웃었다. 세 사람은 가벼운 발걸음으로 함께 집으로 돌아갔다.

한편 시간이 지날수록 콘헤드 선생님은 눈에 띄게 뚱뚱해져 갔다.

"이상하다? 거울을 보면 날씬한데 몸이 왜 이렇게 무겁고 힘들지?"

콘헤드 선생님은 불룩 튀어나온 똥배를 내려다보며 의아하게 생각했다.

"으~, 내가 정말 선생님 때문에 못살아. 다시 거울을 바꿔 놓아야 하나? 선생님 제발 좀……."

개구쟁이 피즈팬은 순진무구한 콘헤드 선생님에게 두 손 두 발 다 들었다.

당신은 스테이지 2를 통과했습니다.
다음 아이템을 받을 수 있습니다.

이사 온 예쁜 누나

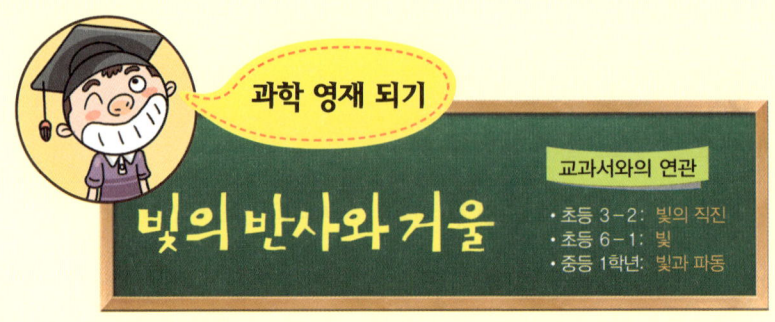

빛의 반사

빛이 거울 면에서 반사될 때, 빛이 거울로 들어가는 각도와 거울에서 반사되는 각도는 같습니다. 이것을 **빛의 반사법칙**이라고 부르는데, 스넬이라는 과학자가 처음 발견했기 때문에 '스넬의 법칙'이라고도 부르지요.

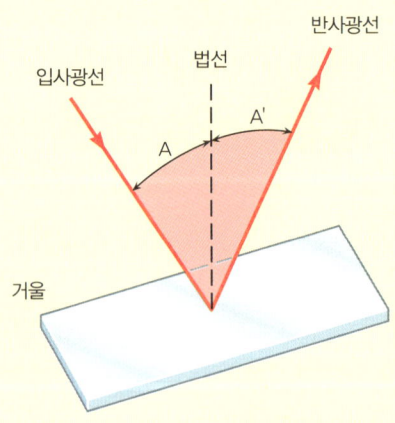

거울 표면에 수직 방향인 법선을 기준으로 반사각 A'와 입사각 A는 같아요.

여러 가지 거울

거울은 유리로 만들었다고 하는데 왜 투명하지 않을까요? 그 이유는 유리면의 한쪽에 알루미늄을 붙였기 때문입니다. 알루미늄은 빛을 잘 반사시키는 성질이 있는데, 거울은 바로 이 원리를 이용한 것이지요. 즉 유리를 통해 들어간 빛이 알루미늄에 반사되어 다시 우리 눈으로 들어오는 것이랍니다.

아주 옛날에는 거울을 유리로 만들지 않았어요. 그때는 구리판 같은 금속을 반질반질하게 닦아서 사용했답니다.

고려시대의 구리 거울

거울에 우리 모습을 비춰보면, 어떤 거울은 실제 우리의 키보다 더 커 보이기도 하는데, 왜 그럴까요?

거울에는 여러 가지 종류가 있어요. 면이 평평한 거울을 평면거울이라고 해요. 그리고 거울에 비친 모습을 **물체의 상**이라고 하는데, 평면거울에 비춰진 상의 크기는 물체의 크기와 같습니다. 다만 왼쪽과 오른쪽이 바뀌어 반대로 보이는 거 빼고는 말이지요.

볼록거울을 통해 더 넓은 범위에 있는 물체의 상을 볼 수 있어요.

또한 면이 볼록한 볼록거울도 있고, 면이 오목한 오목거울도 있어요. 그런데 **볼록거울**에 비친 상은 실제의 크기보다 작게 보이고, **오목거울**에 비친 상은 실제의 크기보다 크게 보입니다.

볼록거울에서는 상이 작아 보인다고 했죠? 볼록거울은 하나의 거울 면에 더 많은 물체가 보이므로, 자동차의 사이드미러나 굽은 길에서 다른 방향의 차가 오는지를 볼 때 사용해요.

오목거울은 빛을 모으는 성질이 있어서 현미경이나 손전등의 반사경으로 쓰이지요. 또한 오목거울로 모은 빛은 매우 높은 온도를 발생시킬 수 있습니다.

나무 조각이 오목거울로 모은 빛에 의해 불이 붙었어요.

정반사와 난반사

잔잔한 수면을 보면 자신의 얼굴이 보일 거예요. 이때 수면은 거울의 역할을 해요. 그래서 수면에 비친 얼굴의 상이 아주 깨끗하지요. 상이 깨끗하게 만들어지는 것은 수면으로 들어간 빛이 모두 같은 방향으로 반사되기 때문입니다. 이렇게 빛이 모두 같은 방향으로 반사되는 것을 **정반사**라고 불러요.

그런데 잔잔한 수면에 돌을 던지면 상이 일그러져요. 이것은 반사된 빛이 여러 방향으로 흩어지기 때문인데, 이것을 **난반사**라고 불러요. 거울도 오래 사용하여 여기저기 울퉁불퉁하면 난반사가 되어 얼굴이 일그러져 보입니다.

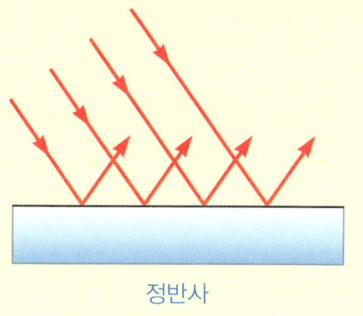

정반사

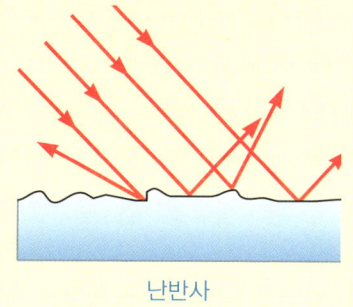

난반사

생활 과학 카페

홀로그램

홀로그램은 3차원의 이미지를 말합니다. 3차원 이미지를 왜 홀로그램이라고 했을까요?

이 단어는 '모두'라는 의미를 가지는 그리스어 홀로(holos)와 '전달', '메세지'라는 의미를 가지는 그램(gramma)이 합쳐져서 만들어진 단어입니다. 즉 '완전한 메세지'라는 의미지요.

홀로그램은 컴퓨터 화면에 보이는 3차원 게임이나 가상현실처럼 입체효과를 흉내 낸 것이 아니라 실제 3차원 이미지를 말합니다. SF 영화에서 비디오를 틀면 사람처럼 생긴 상이 허공에 나타나는 것을 볼 수 있죠? 그것이 바로 홀로그램입니다.

또한 여러 장의 홀로그램을 다른 각도로 배치하고 동시에 조명하여 얻어지는 상을 한 장의 홀로그램 판으로 만들면, 보는 방향이나 거리에 따라 다른 물체의 상이 보이는 특수한 홀로그램을 만들 수도 있습니다.

실생활에서의 홀로그램은 신용카드에 위조를 방지하기 위해 사용되고 있습니다. 매우 세밀한 홀로그래피 영상을 정기적으로 새겨 넣으면 복제가 거의 불가능하여 위조하려 해도 쉽게 드러납니다.

기본 다지기

1. 거울 면에 수직으로 빛이 들어갔을 때 반사된 빛의 방향은?

    a) 거울 면에 수직인 방향

    b) 거울 면에 나란한 방향

    c) 거울 면과 적당한 각도로 기울어진 방향

2. 햇빛을 모아 종이를 태울 수 있는 거울은?

    a) 평면거울   b) 오목거울   c) 볼록거울

3. 키가 더 작아 보이는 거울은?

    a) 평면거울   b) 오목거울   c) 볼록거울

서프라이즈 진실 혹은 거짓

1. 두 개의 거울을 붙이면 거울에 비친 상은 항상 두 개가 된다.
   ☐ 진실　　☐ 거짓

2. 야간에 자동차 안에 불을 켜고 운전하는 것은 위험한 행동이다.
   ☐ 진실　　☐ 거짓

3. 투명 인간은 물체를 볼 수 없다.
   ☐ 진실　　☐ 거짓

4. 숟가락에는 오목거울과 볼록거울이 모두 있다.
   ☐ 진실　　☐ 거짓

> **알쏭달쏭** 내 생각

김이나 양은 오늘 학교에서 '얼음은 모든 빛을 그대로 통과시키기 때문에 유리처럼 투명하다'고 배웠다.

학교에서 돌아오는 길에 김이나 양은 갈증이 나서 빙수 한 그릇을 사 먹었다. 그런데 놀랍게도 투명한 얼음을 갈아서 만든 빙수는 투명한 것이 아니라 흰색이었다.

김이나 양은 선생님에게 문자를 보내 얼음은 알고 보면 투명한 물질이 아니라 흰색이라는 내용을 알렸다.

선생님은 김이나 양에게 어떤 답변을 해 주었을까?
여러분의 생각은?

기본 다지기

1. a) 수직으로 들어간 빛은 수직으로 반사된다.

2. b) 오목거울은 빛을 한곳에 모을 수 있으므로, 종이를 태울 수 있다.

3. c) 볼록거울에서는 물체의 상이 더 작아 보인다.

서프라이즈 진실 혹은 거짓

1. 거짓

두 거울이 이루는 각도에 따라 달라진다. 거울이 이루는 각도가 180도면 상이 한 개지만, 각도가 좁아지면 상은 많아진다. 두 거울이 이루는 각도와 상의 개수 사이의 관계는 다음과 같다.

두 거울이 이루는 각도	상의 개수
180도	1
120도	2
90도	3
60도	5
15도	11
0도에 거의 가까운 각도	무수히 많다.

2. 진실

어두운 밤에 불을 켜놓은 집을 밖에서 유리창으로 들여다보면 집 안이

훤하게 보이지만, 밝은 낮에는 유리창을 통해 방안이 잘 보이지 않는다. 마찬가지로 차 안에 불을 켜서 차 안이 바깥보다 밝아지면 차 유리창에 운전자의 얼굴이 비치게 되어 위험하다.

3. 진실
우리가 물체를 본다는 것은 물체에 반사된 빛이 눈으로 들어와 망막에 맺혀서 가능한 것인데, 투명인간은 망막도 투명하기 때문에 망막으로 들어온 빛이 그대로 망막을 통과해 버린다. 따라서 망막에 상이 맺히지 않으므로 물체를 볼 수 없다.

4. 진실
숟가락의 움푹한 곳은 오목거울 역할을 하고, 그 반대쪽은 볼록거울 역할을 한다.

알쏭달쏭 내 생각

답 얼음이 투명한 것은 빛이 난반사하지 않고 그대로 지나기 때문이다. 하지만 얼음을 가루로 만들면 빛이 난반사하는데, 이때 빛이 합쳐져서 우리 눈으로 들어와 하얗게 보이는 것이다. 김이 하얗게 보이는 것이나 유리나 수정 가루가 하얗게 보이는 것도 같은 원리다.

숏다리 콘헤드 선생님
빛의 굴절과 렌즈

빛이 공기 중에서 물속으로 들어갈 때 수면에서 빛의 진행 방향이 꺾이는데 이러한 현상을 **빛의 굴절**이라고 부른다.

거울사건 이후 피즈팬과 헨리, 로니는 조용히 학교생활을 했다. 처음 며칠 동안은 반성하는 의미로 말썽을 일으키지 않았다. 그러다보니 나중에는 재미있는 일이 전혀 일어나지 않아 지루하기만 했다.

"피즈팬, 지우개 좀 빌려 줘."

제니의 맑은 목소리가 수업시간에 졸고 있는 피즈팬을 깨웠다.

"음냐 음냐……, 뭐라고?"

피즈팬은 입가에 흐르는 침을 닦으며 부스스 눈을 떴다.

"으윽 더러워! 침 좀 제대로 닦아. 책도 침 범벅이네."

제니는 지우개를 빌리려다 말고 고개를 휙 돌려버렸다.

어느덧 수업이 끝나고 쉬는 시간이 되었다. 수업시간이 취침시간이고, 쉬는 시간이 노는 시간인 피즈팬은 누가 말하지 않아도 자동으로 깼다.

"아휴, 지루해. 뭐 재밌는 일이 없을까?"

눈이 초롱초롱해진 피즈팬이 헨리와 로니에게 왔다.

"나도 심심해, 피즈팬. 점심시간이랑 간식 먹을 때만 빼고."

뚱보 헨리가 샌드위치를 우적우적 씹으며 맞장구쳤다.

"헨리, 그만 먹어. 도시락을 벌써 먹어버리면 점심 땐 어쩔거야?"

로니는 헨리의 먹는 모습을 흘겨보며 혀를 찼다.

"이건 엄마표 간식이야. 요즘 내가 좀 허약해졌다나."

헨리는 입 밖으로 나온 양배추를 손으로 밀어 넣으며 아무렇지 않게 말했다.

"하하하, 헨리! 네가 허약체질이면 나랑 로니는 몸져누워 있으라는 거니? 아무튼 못 말린다니까. 그나저나 우리 심심한데 다시 활동을 시작해볼까? 새로운 콘헤드 프로젝트 어때?"

"뭐? 콘헤드 프로젝트?"

지레 겁먹은 로니가 피즈팬을 의심스럽게 쳐다보았다.

"저번에 여기 워터즈 섬으로 이사 온 로즈 누나 있잖아. 그 누나를 선생님께 소개시켜 주자."

"그게 뭐 재밌는 일이냐? 꺼억~"

샌드위치 하나를 해치운 헨리가 트림을 하며 대꾸했다.

"윽! 너 입 막아."

로니는 헨리의 트림 냄새 때문에 집게손으로 코를 잡고 핀잔을 주었다.

"저번 다이어트 사건 기억하지? 그때 노총각 콘헤드 선생님이 여자 친구 만들고 싶어 하셨잖아. 만약 소개팅을 시켜준다고 하면 엄청 좋아하실 걸? 내게 다 생각이 있으니까, 너네는 웃을 준비만 하라고, 히히."

피즈팬은 소리 내어 익살스럽게 웃었다.

"근데 너 그 누나랑 친해? 소개팅을 시켜주려면 누나한테도 말해야 하잖아. 내가 알기론 그 누나, 제니랑 이웃집에 살면서 친하게 지내던데."

제니의 일이라면 뭐든 다 아는 로니가 말했다.

"오! 로니, 네가 웬일로 똑똑한 말을 다하니? 느끼한 줄만 알았더니 제법인데? 크크~, 그럼 일단 제니를 우리 편으로 만들어야겠어. 선생님을 위한 일이라면 제니도 대찬성일 거야."

피즈팬이 자신 있게 말했다.

피즈팬과 두 친구는 제니에게 자신들의 계획을 말했다. 당연히 선생님을 골려준다는 말은 쏙 빼버리고 말이다. 제니는 선생님의 소개팅 계획이라면 적극 동참하겠다고 약속했다. 네 사람은 모여서 '콘헤드 선생님 소개팅 작전'을 의논했다.

"선생님, 우리 동네에 새로 이사 온 누나가 있는데요. 선생님께 소개시켜 드리고 싶어요. 어떠세요?"

피즈팬은 복도에서 마주친 콘헤드 선생님에게 태연하게 말을 건넸다.

"어, 뭐라고? 너희 동네에 새로 이사 온 분이 계신다고? 그럼 당연히 인사하고 지내야지."

"선생님, 내일 괜찮으세요?"

"나야, 뭐…… 바쁘긴 하다만…… 시간을 쪼개서라도 내야지. 하하."

시간이 없는 척 했지만 선생님은 벌써부터 기대에 찬 눈치였다.

"그럼, 장소는 내일 가르쳐 드릴게요. 정말 예쁜 누나니까 멋있게 하고 나오셔야 해요."

피즈팬은 애교 섞인 목소리로 선생님을 더욱 들뜨게 만들었다.

그날 저녁, 콘헤드 선생님은 가벼운 걸음으로 시내에 나가 옷도 고르고 머리도 하고 마무리로 깔끔하게 면도까지 했다. 그리고 저녁 내내 부푼 마음으로 아침이 오기만을 기다렸다.

"선생님, 로즈 누나가요……."

"응 그래, 피즈팬."

다음 날 아침, 콘헤드 선생님의 목소리는 평소보다 한 옥타브 더 올라가 있었다.

"누나가요, 물을 좋아해서 바닷가로 이사 온 거라고…… 자기는 물 없이는 못 산다며…… 지금은 추워서 바다에는 못 들어가잖아요. 그래서 약속 장소를 수영장으로 정했어요, 선생님."

피즈팬이 곤란한 표정을 지으며 천역덕스럽게 설명했다.

"뭐? 꼭 수영장이어야 한 대? 어제 새로 산 옷들이랑 구두, 새로 손질한 머리는 다 어쩌고."

환하던 콘헤드 선생님의 얼굴이 금세 어두워졌다. 선생님은 한숨을 쉬며 어쩔 줄 몰라 했다.

"걱정하지 마세요, 선생님. 그냥 물속에 앉아 있기만 하

세요. 나머진 제가 다 알아서 할게요. 선생님 파이팅!"

피즈팬은 선생님에게 힘내라고 파이팅을 외쳤지만, 한 손은 등 뒤로 가져가 손가락을 꼬았다. 이것은 피즈팬이 거짓말을 할 때 하는 행동이었다.

피즈팬과 로니, 헨리는 약속 시간에 맞춰 수영장에 도착한 콘헤드 선생님을 얕은 풀장으로 데리고 갔다.

"피즈팬, 이러고만 있으면 된다고?"

물속으로 들어간 선생님이 수줍은 듯 양팔로 상체를 가리며 말했다.

"네, 선생님!"

피즈팬이 씩 웃어보였다.

"내가 별스러운 소개팅을 다 하는구나."

선생님이 고개를 절레절레 흔들며 말했다.

"별스럽긴 하죠, 선생님. 아마 못 잊으실 거예요, 히히~."

피즈팬이 입꼬리를 올리며 의미심장한 표정을 지었다.

"피즈팬, 뭐라고? 너무 작게 말해서 잘 안 들리는 구나."

피즈팬의 혼잣말을 언뜻 들었는지 선생님이 물어보았다.

"아, 너무 걱정하지 마시라고요. 선생님 파이팅!"

피즈팬은 재빠르게 대답하며, 선생님을 안심시키고 제니와 로즈 누나를 기다렸다.

드디어 로즈 누나와 제니가 수영장에 도착했다.

"선생님, 보이시죠? 저 누나예요. 예쁘죠?"

헨리가 물속에 앉아 있는 선생님에게 말하며, 로즈 누나와 제니가 걸어오는 쪽을 가리켰다. 그런데 선생님의 대답이 들리지 않았다.

피즈팬과 헨리, 로니는 선생님을 돌아보았다. 한눈에 로즈 누나에게 반했는지 선생님은 입을 딱 벌린 채 움직이지 않았다. 초롱초롱 빛나는 선생님의 눈에는 하트가 둥둥 떠다니는 것 같았다.

"흐흐, 우리 선생님, 로즈 누나한테 반했나 봐. 이거 점점 재밌어지는데!"

피즈팬은 두 친구와 눈이 마주치자 킬킬거렸다.

로즈 누나와 제니가 가까이 다가오자 선생님은 더욱 긴장하는 눈치였다. 쿵쾅거리는 선생님의 심장 소리가 피즈팬의 귀까지 들리는 듯했다.

"안……안, 안녕하세요. 처음 뵙겠습니다. 저는 워터즈 초등학교……, 음…… 이 친구들의 담임을 맡고 있는 치킨헤드라고 합니다."

콘헤드 선생님은 긴장한 나머지 자기도 모르게 별명을 말하고 말았다.

"아, 네~, 치킨 헤드 선생님! 안녕하세요. 저는 로즈라고 해요. 만나서 반가워요."

"아니, 제 이름은 치킨 헤드가 아니라 콘헤드……."

얼굴이 빨개진 콘헤드 선생님이 이름을 다시 말했다. 그러나 인사를 대충 건넨 로즈 누나는 벌써 돌아서고 있었다. 당황한 선생님은 돌아서는 누나를 향해 엉거주춤 일어섰지만, 숫기가 없어서 잡지 못하고 다시 앉아버렸다.

"어머, 콘헤드 선생님 다리가 왜 저렇게 짧은 거니? 원래 숏다리니? 내 이상형은 키가 큰 사람이야. 어쨌든 정말 실망이다. 제니 네가 키도 크고 멋진 분이라고 해서 잔뜩 기대했는데……."

로즈 누나가 제니에게 소곤거리는 소리가 네 사람에게 생생하게 들렸다.

"흐흑, 난 역시 뭘 해도 안 되나 봐. 이제야 내 운명을 만났다 생각했는데……. 정말 천사가 걸어오는 줄 알고 기뻤는데……."

콘헤드 선생님은 금방이라도 눈물을 흘릴 것 같은 표정이었다. 피즈팬과 두 친구들은 생각보다 진지한 선생님의 반응에 당황스러웠다.

"피즈팬 어떡해. 선생님 얼굴 좀 봐."

로니가 속닥거렸다.

"이건 아니잖아. 내 계획은 물속에 있는 선생님의 다리가 숏다리로 보여서, 그걸 보고 로즈 누나가 재밌다고 하면, 선생님도 기분 좋아서 웃고 우리도 웃게 되는 뭐 그런 스

토린데……. 이 일을 어쩌지?"

예상과 달리 일이 심각해지자 피즈팬은 어떻게 이 일을 해결해야 할지 막막했다.

"피즈팬, 넌 지금 엄청난 일을 저지른 거야."

헨리는 한 술 더 떠서 피즈팬을 애태웠다. 힘겹게 풀장을 나가는 선생님의 어깨가 축 늘어져 있었다. 마음 여린 선생님은 금방이라도 울 것만 같았다.

피즈팬은 며칠 동안 풀이 죽어 있는 선생님을 보며 특단의 대책을 세웠다.

"다들 잘 들어. 지금부터 우리는 '콘결대'야, 알았지?"

피즈팬은 제니와 로니, 헨리를 모아놓고 이렇게 말했다.

"콘결대는 또 뭐야? 너 또 장난치려고 그러는 거면 이번엔 난 빠질래. 난 워터즈 초등학교 반장 제니라고!"

제니가 퉁명스럽게 반응했다. 어리둥절한 헨리와 로니는 아무 말도 못하고 제니와 피즈팬을 번갈아 쳐다보았다.

"그게 아니야. 콘결대란, 콘헤드 선생님 결혼시키기 대작전을 줄여서 부른 말이야. 제니, 제발 말 좀 끝까지 들어.

지난 번 일도 있고, 선생님이 로즈 누나에게 첫눈에 반한 것 같아서 두 사람을 다시 연결시켜 주고 싶어서 그래."

"말은 쉬운데 그게 우리 뜻대로 잘될까?"

로니는 피즈팬의 말에 찬물을 끼얹었다.

"나한테 좋은 생각이 있어. 아무튼 우리는 콘결대야, 알았지?"

"그래, 선생님이 결혼해서 행복해진다면 당연히 해야지. 마지막으로 한 번 더 널 믿어볼게 피즈팬. 근데 작전이 뭐야?"

제니가 동의하자 당연히 로니는 제니의 의견을 따랐고, 헨리 역시 찬성했다.

당신은 스테이지 3을 통과했습니다.
다음 아이템을 받을 수 있습니다.

야광펜

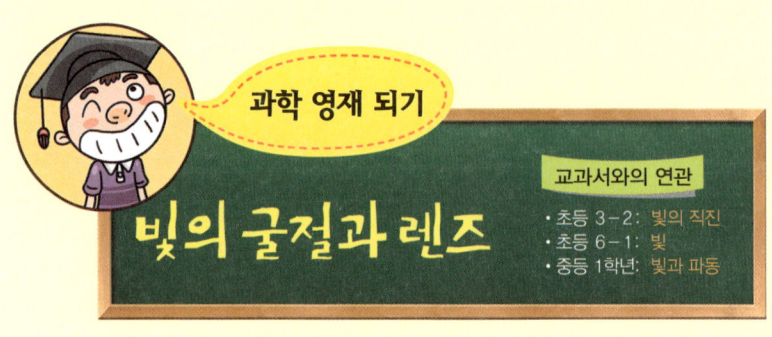

과학 영재 되기

빛의 굴절과 렌즈

교과서와의 연관
- 초등 3-2: 빛의 직진
- 초등 6-1: 빛
- 중등 1학년: 빛과 파동

빛의 굴절

물컵에 젓가락을 꽂으면 젓가락이 꺾여 보이는데, 이것은 바로 빛의 굴절 때문입니다.

빛이 공기 중에서 물속으로 들어갈 때는 수면에서 그 진행방향이 꺾입니다. 이와 같은 현상을 **빛의 굴절**이라고 해요.

지금부터 빛의 굴절을 이용한 마술 하나를 소개하겠습니다. 다음 그림을 잘 보세요. 컵과 동전을 준비해서 직접 실험을 해보아도 좋아요. 먼저 컵의 바닥에 동전을 놓아요. 그런 다음 컵을 보면, 컵의 벽 때문에 동전이 눈에 보이지 않아요.

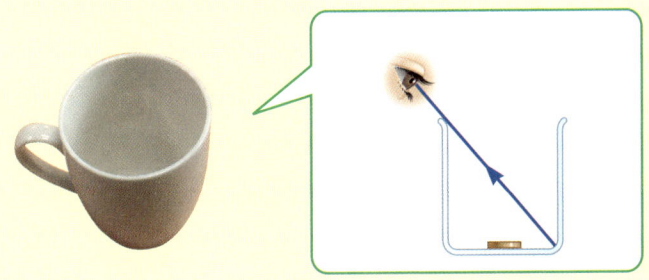

컵에 물을 붓지 않았을 때는 동전이 보이지 않아요.

그럼, 컵에 물을 한번 채워 볼까요? 조금 전까지 보이지 않던 동전이 거짓말처럼 눈에 보이죠?

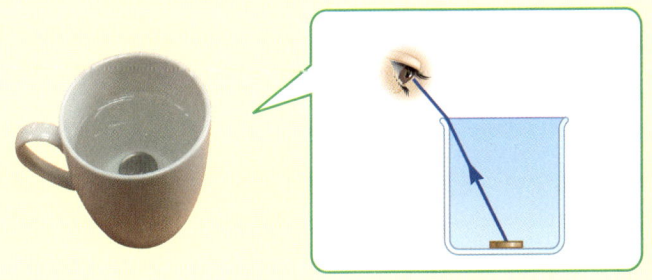

컵에 물을 부으면, 동전에서 반사된 빛이 수면에서 꺾여 우리 눈에 들어오므로 동전이 보여요.

이것은 빛이 굴절되었기 때문에 나타나는 현상입니다.
우리 눈은 빛이 굴절되는 과정을 인식하지 못하기 때문에 빛이 비추는 곳에 물체가 있는 것처럼 느껴져요. 물속으로 들어간 빛이 수면에서 꺾이므로 물속의 물체는 항상 원래의 위치보다 위에 있는 것으로 보이지요.

 이런 현상은 여러 곳에서 볼 수 있어요. 만약 강이나 바다에서 작살 총으로 물고기를 잡을 때는 물고기가 보이는 방향보다 아래쪽을 겨냥해야 합니다. 우리 눈에 보이는 물고기는 허상이고, 그 아래에 실제 물고기가 있기 때문이지요.

렌즈 이야기

빛의 굴절을 이용하여 생활에 편리하게 사용되는 것이 바로 렌즈입니다. 렌즈에는 볼록렌즈와 오목렌즈가 있는데, 그 성질이 달라요.

 렌즈는 빛이 직진하는 성질과 굴절의 성질을 이용하여 상을 확대하거나 축소하지요. 렌즈의 주재료인 유리는 빛의 대부분을 통과시키기 때문에 반사가 적고 빛을 거의 굴절시킵니다. 빛은 렌즈의 얇은 쪽에서 두꺼운 쪽으로 굴절되지요.

 볼록렌즈는 가운데 쪽으로 빛이 모입니다. 즉 볼록렌즈는 빛을 한 점으로 모으는 성질이 있지요. 그리고 볼록렌즈를 통해 가까이 있는 물체를 보면 물체가 더 크게 보이기 때문

볼록렌즈

볼록렌즈는 물체를 실제보다 크게 보여 줍니다.

오목렌즈

오목렌즈는 물체를 실제보다 작게 보여 줍니다.

에, 볼록렌즈는 돋보기나 할아버지의 안경에 사용된답니다.
 반대로, **오목렌즈**는 빛이 퍼지게 됩니다. 그리고 오목렌즈를 통해 가까이 있는 물체를 보면 볼록렌즈와는 달리 물체가 더 작아 보입니다. 따라서 오목렌즈는 어린이의 안경에 사용된답니다.

빛의 분산과 무지개

프리즘을 통해서 보면 빛이 일곱 색깔로 분리됩니다. 이것을 **빛의 분산**이라고 하는데, 빛의 색깔에 따라 굴절되는 정도가 다르지요. 빨간색의 빛은 조금 꺾이지만 보라색으로 갈수록 점점 많이 꺾입니다. 이렇게 빛은 굴절에 따라 여러 가지 색깔로 나뉘어요.

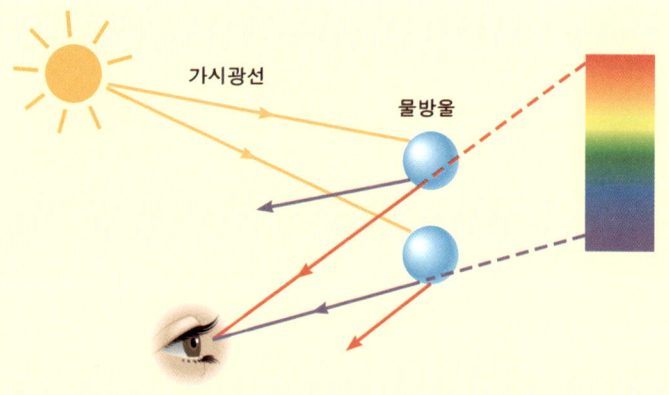

무지개의 일곱 빛깔도 분산과 관계있어요. **무지개**는 공기 중에 떠 있는 작은 물방울들이 프리즘의 역할을 해서 햇빛을 분산시키기 때문에 만들어집니다.

신기루

뜨거운 여름날, 차를 타고 가다 보면 앞쪽 멀리 물이 고여 있는 것처럼 보일 때가 있어요. 그런데 실제 그곳에 가 보면 물은 없지요. 이런 현상을 '신기루'라고 불러요. 특히 사막을 여행

뜨거운 도로 위나 사막에서는 아래 신기루가 자주 발생해요.

하는 사람들이 오아시스인줄 알고 달려가 보면, 그것이 오아시스가 아니라 신기루일 경우가 많답니다.

그렇다면 신기루는 왜 생길까요?

신기루 또한 빛의 굴절 때문에 생겨요. 아주 더운 날은 바닥이 뜨거워지니까 공기가 위로 올라가서 아래쪽은 공기가 별로 없고 위쪽은 공기가 많아요. 그런데 빛은 공기가 적은 쪽에서 빨리 움직이기 때문에 빛이 위쪽으로 휘어지게 됩니다. 그래서 파란 하늘이 바닥에 있는 것처럼 보이게 되는 신기루 현상이 생기지요. 즉 물처럼 보이는 것은 하늘이 바닥에 비친 거랍니다.

안경의 원리

눈이 나쁜 경우는 근시와 원시의 두 종류가 있어요. 근시는 먼 것이 잘 보이지 않고, 원시는 가까운 것이 잘 보이지 않아요.

사람의 눈에는 수정체라고 하는 렌즈가 있습니다. 이 렌즈는 볼록렌즈이므로 들어온 빛을 한 점에 모아요. 이때 빛이 모이는 지점이 망막이면 눈은 정상입니다.

하지만 근시인 사람은 수정체를 통과한 빛이 망막보다 앞에서 모입니다. 이것을 보정하기 위해 수정체 앞에 오목렌즈를 놓으면, 빛이 망막에서 한 점에 모이게 되어 물체가 잘 보이게 되지요.

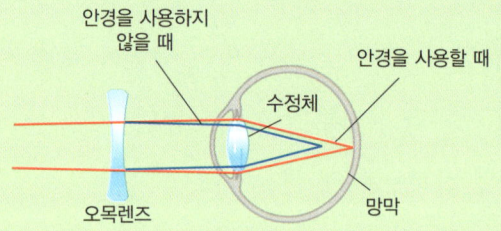

반대로, 원시인 사람은 수정체를 통과한 빛이 망막보다 뒤에서 모입니다. 보정하기 위해 수정체 앞에 볼록렌즈를 놓으면, 빛이 망막에서 한 점에 모이게 되므로 물체가 잘 보이게 됩니다.

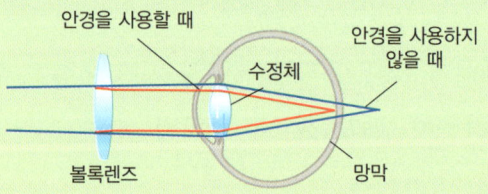

> 실력쌓기
> 퀴즈 퀴즈

> 기본 다지기

1. 다음 중 빛의 굴절의 예가 아닌 것은?

   a) 물속에 앉아 있으면 다리가 짧아 보인다.
   b) 물속에 있는 젓가락이 꺾여 보인다.
   c) 거울에 내 얼굴이 비친다.

2. 빛을 모아서 종이를 태울 때 사용되는 렌즈는?

   a) 볼록렌즈   b) 오목렌즈
   c) 렌즈로는 종이를 태울 수 없다.

3. 다음 중 프리즘을 통해 가장 많이 꺾이는 빛은?

   a) 붉은색 빛   b) 노란색 빛   c) 보라색 빛

서프라이즈 진실 혹은 거짓

1. 북극 근처의 바다에서는 빙산이 하늘에 떠 있는 것 같은 현상을 볼 수 있다.

   ☐ 진실　　　☐ 거짓

2. 지구에서는 별이 반짝거리지만 달에서는 별이 반짝거리지 않는다.

   ☐ 진실　　　☐ 거짓

3. 레이저 총으로 물고기를 잡을 때는 작살로 물고기를 잡을 때처럼 물고기가 보이는 위치보다 아래쪽을 겨냥해야 한다.

   ☐ 진실　　　☐ 거짓

4. 볼록렌즈에 의한 상은 항상 거꾸로 뒤집힌 상이다.

   ☐ 진실　　　☐ 거짓

> 알쏭달쏭 내 생각

"은지야!"

할아버지가 은지를 큰 소리로 불렀다. 은지는 할아버지의 하나밖에 없는 손녀딸이다.

"네, 할아버지?"

은지는 다정한 목소리로 대답했다.

"신문이 잘 안 보이니까 렌즈 좀 가져다주렴."

"알았어요."

할아버지는 가까운 글씨가 잘 보이시 않는 원시다. 그래서 항상 신문의 작은 글씨를 읽을 때 고생하신다.

은지는 할아버지에게 어떤 렌즈를 가져다 드려야 할까? 여러분의 생각은?

☐ 볼록 렌즈 ☐ 오목 렌즈

기본 다지기

1. c) 거울에 내 얼굴이 비치는 것은 빛의 반사와 관계있다.

2. a) 볼록렌즈는 빛을 한 점에 모을 수 있다.

3. c) 붉은색 빛이 가장 덜 꺾이고 보라색 빛으로 갈수록 많이 꺾인다.

서프라이즈 진실 혹은 거짓

1. **진실**
   사막의 신기루는 하늘이 바닥에 비쳐 오아시스처럼 보이는 것이다. 아주 뜨거운 여름날 아스팔트에 물이 고여 있는 것처럼 보이는 것도 같은 현상이다. 이것은 모래나 아스팔트가 뜨거워져 공기가 위로 올라가면서, 빛이 공기가 별로 없는 아래쪽에서 공기가 많은 위쪽으로 휘어지기 때문에 생긴다. 또한 빛이 공기가 적은 쪽에서 빨리 움직이기 때문에 일어나는 현상이다.
   하지만 추운 북극 바다에서는 바다 쪽이 차갑고 위쪽이 따뜻하다. 그래서 겨울 바다에서는 빛이 공기가 많이 모여 있는 아래쪽으로 휘어지게 되어 아래쪽에 있는 빙산이 마치 하늘에 떠 있는 것처럼 보인다.

2. **진실**
   하늘의 별이 반짝거리는 것은 지구의 대기 때문이다. 별빛은 대기가 없는 우주를 지나가다가 지구의 대기층으로 들어오면서 굴절하게 된다. 그런데 지구 대기의 공기는 끊임없이 움직이기 때문에 공기의 밀도가 일정하지 않다. 그러므로 우리가 보는 쪽으로 별빛이 왔다 안 왔다 하기 때문에 별이 반짝거리는 것으로 보인다. 하지만 달은 대기가 없으므로 별이 반짝거리지 않는다.

3. 거짓

물 위에서 볼때, 물고기는 실제 물고기의 위치보다 위에 있다. 이는 빛이 물속으로 들어가면서 꺾이기 때문이다. 하지만 레이저 역시 빛이므로 물속으로 들어갈 때 같은 각도로 굴절한다. 눈에 보이는 물고기의 위치를 향해 레이저 총을 쏘면 레이저가 수면에서 굴절되어 물고기를 맞추게 된다.

4. 거짓

볼록렌즈에 가까이 있는 물체의 상은 똑바로 서 있는 상이고, 멀리 있는 물체의 상은 거꾸로 뒤집힌 상이다.

알쏭달쏭 내 생각

답 볼록 렌즈다.

볼록렌즈는 돋보기 렌즈라고 부르기도 하는데, 물체를 더 커 보이게 하기 때문에 작은 글씨가 잘 안 보이는 은지의 할아버지에게는 볼록렌즈가 적합하다.

프러포즈 대작전
보이지 않는 빛

우리 눈에 보이지 않는 빛 중에서 빨간색 빛보다 에너지가 작은 빛은 **적외선**, 보라색 빛보다 에너지가 큰 빛은 **자외선**이라고 부른다.

"선생님, 제가 정말 잘못했어요. 제발 용서해 주세요."

피즈팬은 무작정 선생님을 찾아가 용서를 빌었다.

"아니다 피즈팬, 네가 잘못한 건 없어. 오히려 내가 고맙다고 해야 하지 않을까. 어린 나이에 이렇게 선생님을 다 챙기고……."

말은 그렇게 하면서도 콘헤드 선생님은 여전히 기운 없는 모습이었다.

"아니에요, 선생님. 지난번 선생님 안경에 장난친 것도 저고요, 또 병원에 입원하신 것도 다 제가 장난치다가 그렇게 된 거예요. 작은 장난으로 시작된 일들이 커지면서 선생님을 곤란하게 만들었어요. 그래도 꾸지람 한 번 않으시고…… 선생님 제가 정말 잘못했어요."

피즈팬은 그동안의 일들을 반성하며 진심으로 선생님께 용서를 빌었다.

"피즈팬, 괜찮아. 나는 네가 그랬다는 거 다 알고 있었다. 그동안 아무 말도 하지 않은 건 네가 한창 장난기 많을 나이여서야. 어릴 때 개구쟁이처럼 장난치던 것들이 모두

추억이 될 수 있단다. 물론 내게도 정말 잊지 못할 추억이고. 피즈팬, 그만 자리로 돌아가렴. 공부도 열심히 해야 훌륭한 사람이 되지, 안 그래?"

말을 마친 콘헤드 선생님은 다정한 눈빛으로 피즈팬을 바라보았다.

"선생님……, 흑흑흑……."

피즈팬은 말을 잇지 못하고 철부지 아이처럼 콘헤드 선생님의 품에 안겨 엉엉 울고 말았다.

"선생님, 마지막으로 부탁이 있어요."

"그게 뭐냐? 내가 들어줄 수 있는 부탁이라면 얼마든지 들어주마."

"그게…… 선생님, 로즈 누나 좋아하시죠?"

"하하! 별소릴 다 하는구나."

"로즈 누나 좋아하시는 거 다 알아요."

"그, 그게 말이다……."

피즈팬의 말에 당황한 콘헤드 선생님은 말을 더듬으며, 금세 홍당무처럼 얼굴을 붉혔다.

"히힛, 선생님도 참, 얼굴까지 빨개지시고……."

"흠, 흠…… 그렇게 티가 났니?"

피즈팬의 말에 콘헤드 선생님은 멋쩍은지 뒷머리를 긁적이며 대꾸했다.

"이대로 말 한마디 못하고 로즈 누나를 놓치실 수는 없잖아요. 저희들이 선생님을 도와 드릴게요."

콘헤드 선생님은 쑥스러운 마음에 몇 번 거절하다 피즈팬이 계속 조르자 못 이기는 척 따르기로 했다.

다음날 드디어 작전이 개시되었다. 마침 일요일이어서 일은 훨씬 순조롭게 진행되었다.

"선생님~ 선생님! 일어나세요. 운동하셔야죠!"

새벽 6시, 헨리가 콘헤드 선생님 집에 찾아와 현관문을 쾅쾅 두드렸다.

"이른 아침부터 네가 웬일이냐?"

잠옷 차림으로 놀라서 문을 연 콘헤드 선생님이 헨리에세 물었다.

"피즈팬에게 특명을 받았어요. 선생님 지금 저랑 새벽운동 가야 해요."

헨리는 아직 잠이 덜 깬 콘헤드 선생님의 팔을 무작정 잡아끌었다.

"알았다, 알았어. 옷은 좀 갈아입어야 하지 않겠니?"

얼떨결에 헨리와 조깅을 마친 선생님은 쉴 틈도 없이 곧바로 헬스장으로 이끌려갔다.

"이것도 해야 하니? 헉헉……."

헬스장 입구에 도착한 선생님은 숨을 할딱이며 물었다.

"선생님 덕분에 저도 살도 빼고 근육도 만들고 싶어서요. 요즘 근육이 있어야 여자애들이 좋아하더라고요, 헤헤."

헨리는 뚱뚱한 몸을 앞세우고 헬스장에 먼저 들어섰다.

콘헤드 선생님은 땀을 뻘뻘 흘려가며 벨트 마사지부터

체스트 프레스머신까지 여러 헬스 기구들을 이용해서 운동을 했다. 근육을 만들겠다던 헨리는 자기 손만한 아령을 들고 낑낑대면서 겨우 운동하는 시늉만 냈다.

"선생님, 화이팅! 여자들은 식스팩을 좋아한다고요."

언제 왔는지 제니가 콘헤드 선생님을 향해 소리쳤다.

"오, 제니구나. 여긴 어쩐 일이니?"

"저도 특명을 받았거든요."

제니가 밝은 얼굴로 이유를 말하자 콘헤드 선생님이 눈을 동그랗게 떴다.

"어, 어, 그래. 그렇지만 제니, 오늘 헨리와 너무 무리하게 운동을 했더니 선생님이 기운이 없구나. 우린 내일 하면 안 되겠니?"

"오늘 할 일을 내일로 미루면 안 되죠."

제니가 씽긋 웃으며 선생님의 팔을 잡아당겼다.

"아이고! 이번엔 어디로 가는 거냐?"

"노래교실에 가는 거예요. 여자 앞에서 당당하게 말하고 수줍음을 타지 않으려면 발성 연습을 하면서 자신감을 얻

으셔야 해요. 어서 서두르세요, 선생님."

제니는 기대에 부풀어 재잘댔지만 콘헤드 선생님의 얼굴은 점점 사색이 되었다. 결국 선생님은 노래교실에 가서 발성 연습과 음치 교정을 받고 나서야 집으로 돌아올 수 있었다.

"오우~! 선생님~, 선생님!"

"아이고, 이번엔 또 누구야? 선생님 지금 없다. 나중에 오너라."

콘헤드 선생님은 밖에서 자신을 부르는 소리에 놀라 코를 막고 다른 사람 목소리를 냈다.

"으허헝~ 선생님, 거기 계신 거 다 알아요. 어서 나오세요~오."

로니는 선생님의 변조한 목소리를 알아채고 킬킬거리며 선생님을 보챘다.

"이번엔 너냐? 너도 당연히 피즈팬의 특명을 받고 왔겠지? 아이고, 또 어디로 데려가는 건데……. 너희들 나를 죽일 작정이냐?"

아침부터 운동과 노래 연습으로 지칠 대로 지친 콘헤드 선생님은 비틀거리며 현관을 걸어 나왔다.

"선생님 조금만 더 힘내세요. 저도 우리 제니를 위해서 이 정도는 한다구요. 이번엔 할 일이 좀 많아요. 우선 댄스 교실 갔다가, 뷰티숍에 갔다가…… 앗, 맞다! 의상실도 갔다가……."

로니가 우아하게 손가락을 하나하나 꼽으며 앞으로 할 일을 얘기했다.

"헉, 그 많은 걸 오늘 전부 한단 말이니? 로니, 선생님은 강철 로봇이 아니란다. 난 못해."

콘헤드 선생님은 고개를 절레절레 저으며 현관문을 붙잡고 버텼다.

"아이~, 선생님! 이건 다 선생님을 위한 일이라고요. 로즈 누나의 남자 친구가 된다는 걸 상상해 보세요."

"내가 죄지, 내가 죄야. 그 개구쟁이 피즈팬의 말을 듣는 게 아니었어. 이렇게 사람을 혹사시키다니……."

그래도 로니가 한 말이 효과가 있었는지 콘헤드 선생님

은 비장한 표정으로 로니를 따라나섰다. 하지만 댄스교실은 물론 뷰티숍과 의상실까지 간 선생님은 결국 기진맥진하고 말았다.

그렇게 한 달이 지났다. 그동안 콘헤드 선생님은 몰라보게 달라져 있었다. 숫기 없고 어수룩한 모습은 온데간데없고 밝은 인상과 운동으로 다져진 근육질 몸매, 세련된 옷

맵시까지, 완벽한 남자로 다시 태어났다.

"우와, 이분이 정말 우리 콘헤드 선생님 맞아?"

피즈팬은 몰라보게 달라진 선생님을 보고 입을 다물지 못했다.

"허허, 네가 봐도 그러냐? 이게 다 네 덕분이다. 고맙다 피즈팬. 나도 요즘 거울을 보면서 한 번씩 깜짝깜짝 놀란다니까."

콘헤드 선생님은 만족스러운 듯 호탕하게 웃어 보였다.

"선생님, 이제부터가 중요해요."

피즈팬은 진지한 얼굴로 선생님과 눈을 마주쳤다.

"지금까지 노래교실이랑 댄스교실 열심히 다니셨잖아요. 지금까지 갈고 닦은 실력을 이제 보여 주실 때가 왔어요."

"그게 무슨 말이냐, 피즈팬?"

선생님은 어리둥절한 눈으로 피즈팬을 쳐다보았다.

"이제 로즈 누나에게 프러포즈할 때가 됐어요!"

선생님의 변신 프로젝트가 성공적으로 끝나고, 본격적인 프러포즈 이벤트가 준비되었다. 한적한 저녁시간, 반 아이들은 교실에 모여 이벤트 준비에 열을 올렸다. 천장은 알록달록한 풍선으로 채우고, 공연 무대를 설치했다. 콘헤드 선생님은 로즈 누나를 위해 춤추고 노래를 부를 것이다.

"제니! 넌 로즈 누나를 데리고 6시까지 이쪽으로 와. 알았지?"

손목시계를 들여다보던 피즈팬이 제니에게 말했다.

"알았어. 시간 맞춰 올게."

제니는 교실을 나가며 승리의 브이를 그렸다.

약속 시간이 점점 다가왔다.

"피즈팬, 이건 선생으로서 하는 얘기가 아니라 같은 남자로서 하는 얘긴데……."

콘헤드 선생님은 초조해하며 무슨 말을 하려는지 잔뜩 뜸을 들였다.

"선생님, 무슨 말인데 그렇게 뜸을 들이세요? 무슨 일 있으세요?"

피즈팬은 무슨 문제라도 있나 싶어 선생님을 재촉했다.

"그게…… 피즈팬, 나 정말 못하겠다. 심장이 너무 빨리

뛰는데다, 다리 힘이 풀려서 똑바로 서 있지도 못하겠어."

긴장을 많이 한 탓인지 콘헤드 선생님의 목소리가 잔뜩 떨렸다.

"우헤헤~, 그런 문제라면 괜찮아요. 선생님 분명히 잘하실 수 있을 거에요. 긴장푸시고, 힘내세요!"

"그게 아니고…… 정말……."

"시간이 다 됐어요. 선생님, 무조건 파이팅!"

드디어 운명의 시간인 6시가 되었다. 로즈 누나가 제니와 함께 교실 안으로 들어왔다. 로즈 누나가 무대 맨 앞쪽 가운데 자리에 앉자 선생님의 공연이 시작되었다. 선생님은 언제 떨었냐는 듯 막상 무대에 오르자 로즈 누나만을 위해 지금까지 갈고 닦은 춤과 노래실력을 한껏 발휘했다.

"선생님도 참…… 못하겠다고 하시더니 뉴퍼주니어가 울고 가겠네."

감동받은 피즈팬이 혼자 중얼거렸다.

피즈팬과 친구들은 교실 뒤편에 앉아 선생님의 공연을 숨죽여 지켜보았다.

드디어 마지막 하이라이트! 색색의 조명이 일제히 꺼지고 조용한 발라드 음악이 흘러나왔다. 선생님은 갑자기 입고 있던 윗옷을 벗어던지며 로즈 누나에게로 걸어갔다.

"어머…… 티셔츠에 뭐라고 적힌거지……?"

로즈 누나의 가느다란 목소리가 교실에 울렸고, 피즈팬과 친구들은 일제히 선생님의 티셔츠를 쳐다보았다.

I ♥ ROSE

형광색의 글자는 반짝반짝 어둠 속에서 빛나고 있었다.

"로즈 양! 저와 결혼해 주시겠어요?"

선생님은 낮고 부드러운 목소리로 로즈 누나에게 프러포즈를 했다. 큰 감동을 받은 로즈 누나는 수줍게 얼굴을 붉혔다. 그러더니 글자만큼이나 빛나는 선생님의 눈을 바라보며 고개를 끄덕였다.

이 광경을 지켜보던 반 아이들도 약속이나 한 듯 환호하며 박수를 보냈다.

"아싸! 축하해요. 선생님!"

"야호! 두 분 정말 잘 어울려요!"

"콘헤드 선생님 만세! 로즈 누나 최고!"

계속되는 환호 속에서 피즈팬이 전기 스위치를 올렸다. 교실 안이 갑자기 밝아지자 순간, 모두 눈을 찡그렸다. 밝은 빛이 눈 안에 한꺼번에 쏟아져 들어왔기 때문이다. 피즈팬은 콘헤드 선생님을 향해 손가락으로 V자를 그려보였다. 기쁨이 넘치는 표정을 한 콘헤드 선생님은 피즈팬을 향해 윙크를 보냈다.

  티셔츠의 반짝이는 글씨는 선생님이 아무도 모르게 준비한 것이었다. 선생님의 진심이 통했는지, 로즈 누나는 로맨틱한 프러포즈에 흠뻑 반해있었고, 특히 선생님이 혼자서 준비한 티셔츠 이벤트를 가장 감동적인 부분으로 손꼽았다.

  그 후, 콘헤드 선생님과 로즈 누나는 워터즈 마을에서 유명한 닭살 커플이 되었다. 그리고 마침내 반 아이들의 축하를 받으며 두 사람은 결혼했고, 서로를 존중하며 행복하게 살았다.

축하합니다.

당신은 모든 스테이지를
통과했습니다.

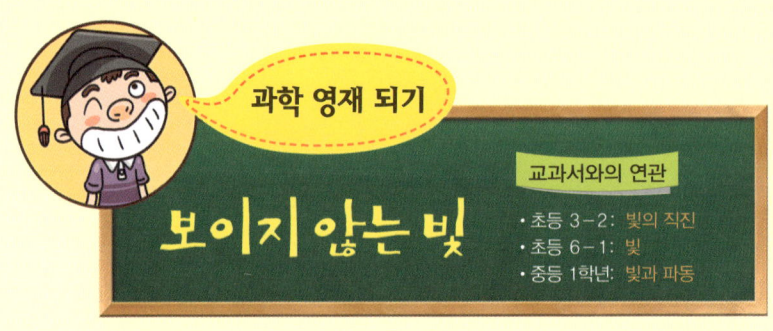

눈에 보이지 않는 빛

앞에서 살펴본 것처럼 우리 눈에 보이는 빛인 가시광선은 일곱 색깔로 나눌 수 있어요. 가시광선은 빨간색에서 보라색으로 갈수록 에너지가 점점 커집니다.

하지만 우리 눈으로 볼 수 없는 빛도 있어요. 빨간색의 빛보다 에너지가 작은 빛은 우리 눈으로 볼 수 없는데, 그 빛은 **적외선**이라고 부릅니다. 적외선은 우리 몸을 따뜻하게 하는 역할을 합니다.

또한 보라색의 빛보다 에너지가 커서 우리 눈으로 볼 수 없는 빛은 **자외선**이라고 부릅니다. 자외선은 에너지가 커서 우리 몸의 검은 부분을 태우는 성질이 있어요. 자외선을 많이 쪼이면 얼굴이 붉게 변하거나 점이 생기거나 심하면 피부암이 생겨 죽을 수도 있지요. 그래서 외출할 땐 꼭 자외선차단제를 발라야 합니다.

X선의 발견

뼈가 부러졌을 때 병원에서 촬영하는 X선은 눈에 보이지 않는 빛입니다. 그렇다면 눈으로 볼 수 없는 빛을 어떻게 발견했을까요? 지금부터 알아보도록 해요.

1858년 독일의 물리학자 플뤼커는 유리 기구 제작자인 가이슬러에게 전기 방전에 필요한 유리관을 만들어 달라고 부탁했어요. 이 유리관을 '방전관'이라고 부르는데, 플뤼커는 방전관을 이용하여 진공방전을 연구했습니다. 그러던 중 방전관의 음극 근처에서 밝은 녹색의 광선이 만들어지는 것을 보았어요. 플뤼커는 그 원인이 음극에서 나오는 방사선 때문이라는 것을 알아냈어요. 그리고 이 광선을 음극에서 나온다고 하여 '음극선'이라고 불렀지요.

그 후 물리학자 레나르트는 음극선관의 한쪽 끝의 유리를 떼어내고 얇은 알루미늄 판을 대었어요. 이것을 '레나르트의 창문'이라고 부르는데, 이 창문으로 인해 음극선이 방전관 밖으로 나올 수 있었지요. 한마디로 막혀 있었던 유리관에 알루미늄 판이 창문 역할을 한 것입니다.

1894년 5월 뢴트겐은 레나르트에게 레나르트의 창문을 만드는 방법을 물어 보았고, 뢴트겐은 창문에 사용되는 금속 박편을 만드는 방법을 배웠어요.

1895년 10월 말 뢴트겐은 레나르트의 창문이 달린 방전관으로 음극선에 대한 실험을 하는 도중 투과력이 강한 광선이 방전관에서 나오는 것을 알아냈습니다. 이것이 바로 'X선'이지요.

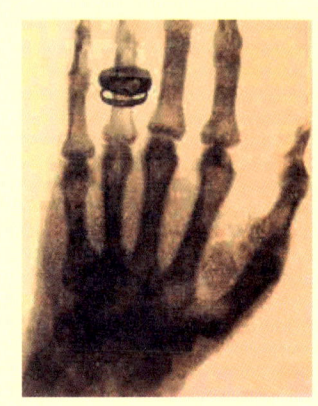

뢴트겐이 X선을 이용해 찍은 아내의 손

그는 X선을 이용하여 아내의 손 뼈 사진을 찍는 데 성공했어요.

뢴트겐의 X선 발견은 큰 파장을 몰고 왔어요. 먼저 X선은 외과 수술에서 중요한 역할을 하게 되었지요. 1899년 1월 베를린의 어느 의사는 X선을 이용하여 손가락 속에 박힌

뢴트겐

빌헬름 콘라트 뢴트겐(1845～1923)은 독일의 물리학자로, 음극선을 연구하여 기존의 광선보다 투과력이 강한 광선인 'X선'을 발견했습니다. X선의 발견은 의학 발전에 큰 영향을 미쳤으며, 뢴트겐은 이 업적으로 1901년 최초의 노벨 물리학상을 받았습니다.

유리조각을 꺼냈고, 같은 해 2월 영국의 한 의사는 X선으로 어떤 소년의 두개골에 박힌 총알을 꺼내는 데 성공했어요. 이로써 방사선 의학으로 알려진 분야가 X선의 발견으로 싹 트게 되었지요.

빛의 속력

이번에는 빛의 속력에 대해 알아보겠습니다.

빛은 무지무지 빠르다는데, 과연 얼마나 빠를까요? 만일 우리가 빛의 속력으로 움직일 수 있다면 쉬는 시간에 파리의 화장실에 갔다가, 뉴욕의 센트럴 파크에서 산책하다가, 다시 학교로 돌아와 수업을 받을 수 있을 정도입니다.

정말 놀랍죠? 그렇다면 빛은 구체적으로 얼마나 빠를까요?

빛은 1초에 30만 km를 갈 수 있습니다. 우주여행을 하는 로켓이 1초에 11 km 정도 가는 속력이니까, 그에 비하면 빛은 엄청나게 빠른 거지요. 지구 한 바퀴의 길이가 4만 km이므로, 빛은 1초에 지구를 일곱 바퀴 반을 돌 수 있을 정도로 빠릅니다. 그리고 태양까지 빛의 속력으로 가면 약 8분 19초 정도밖에 걸리지 않는답니다.

생활 과학 카페

형광등과 네온사인

방전관은 유리관 안에 전극을 넣고 불활성 기체나 수은 증기를 넣어서 전극 사이에 전류를 통하게 하는 유리관입니다. 방전관의 발명은 현대사회의 중요한 두 발명을 이루었어요.

1910년 프랑스의 죠르주 클로드는 방전관 안에 네온 기체를 채워 붉은색의 빛이 나오는 등을 발명했는데, 이것이 바로 네온사인입니다.

네온사인

1938년 미국의 인맨은 방전관을 이용하여 형광등을 발명했습니다. 방전관 안에 수은 기체를 넣으면 전자와 수은기체들이 충돌해 자외선이 방출됩니다. 인맨은 유리관 안쪽에 형광물질을 발랐고, 자외선과 부딪친 형광물질에서 백색의 빛이 발생했습니다.

기본 다지기

1. 다음 중 가장 빠른 것은?

    a) 빛　　　　　　b) 소리　　　　　　c) 로켓

2. 뢴트겐이 최초로 발견한 투과력이 강한 방사선은?

    a) 음극선　　　　b) X선　　　　　　c) 감마선

3. 다음 중 붉은색보다 에너지가 작아서 눈에 보이지 않는 빛은?

    a) 적외선　　　　b) 자외선　　　　　c) X선

서프라이즈 진실 혹은 거짓

1. 뼈가 부러졌을 때 병원에서 찍는 엑스레이(X-ray)는 빛이다.

   ☐ 진실   ☐ 거짓

2. 선크림에서 SPF 30이라고 쓴 숫자는 선크림의 용량을 나타내는 것이다.

   ☐ 진실   ☐ 거짓

3. 빛은 진공(아무 물질도 없는 곳)에서 제일 빠르다.

   ☐ 진실   ☐ 거짓

4. 뢴트겐보다 먼저 X선의 실체를 발견한 사람이 있다.

   ☐ 진실   ☐ 거짓

> **알쏭달쏭** 내 생각

어떤 텔레비전 회사에서 '레드레이저 TV'라는 신제품을 개발해 화제를 모으고 있다. 이 제품은 리모컨에서 텔레비전 센서로 나가는 빛을 붉은 레이저로 사용했다.

평소에 텔레비전 시청하기를 좋아하는 사람들은 이름만큼이나 신기하고 재미있는 레드레이저 TV에 많은 관심을 보였다. 그리고 너도나도 할 것 없이 유행처럼 이 텔레비전을 구입하기 시작했다.

그런데 얼마 후 이 제품을 사용한 사람들의 불만이 여기저기서 터져 나왔다.

사람들의 불만은 무엇일까? 여러분의 생각은?

기본 다지기

1. a) 이 세상에서 가장 빠른 것은 빛이다.

2. b)

3. a)

서프라이즈 진실 혹은 거짓

1. **진실**
   엑스레이는 자외선보다도 에너지가 높아 우리 눈으로 볼 수 없는 빛이다. 그리고 엑스레이는 물체를 투과하는 능력이 있다.

2. **거짓**
   SPF는 Sun Protecting Factor를 뜻하는데, SPF 1이란 자외선을 15분 동안 막을 수 있다는 것을 말한다. 그러므로 SPF 6은 15분의 6배인 90분 동안 자외선을 막을 수 있다는 것을 의미한다.

3. **진실**
   빛은 단단한 물질을 지나갈 때는 느려지고, 반대로 단단하지 않은 물질 속을 지나갈 때는 빠르다. 즉 고체 속에서 제일 느리고, 액체와 기체 속으로 갈수록 점점 빨라진다. 그러므로 아무 물질도 없는 진공에서 빛은 가장 빠르다.

4. **진실**

X선의 최초의 발견자가 뢴트겐이 아니라는 얘기도 있다. 뢴트겐이 X선을 발견하기 전에도 많은 물리학자가 방전관으로 음극선을 연구했기 때문이다. 크룩스는 음극선 연구를 하다가 방전관 주변의 사진건판들이 흐려지는 것을 확실히 발견했다. 그러나 그것이 방전관에서 나온 미지의 방사선에 의한 것이라고는 생각하지 못했다. 그는 불량한 사진건판을 구입한 것이라고 생각하고 사진건판 가게에 항의하는 데 그쳤다. 이렇게 물리학에서는 누구나 볼 수 있는 현상을 어떻게 올바르게 해석하는가가 중요한 문제다. 그런 해석을 하지 못했던 크룩스는 X선을 제일 먼저 발견하고도 그 모든 영광을 뢴트겐에게 넘겨주어야 했다.

알쏭달쏭 내 생각

답 **보통 텔레비전 리모컨에서 사용하는 빛은 눈에 보이지 않는 적외선이다.**

적외선은 몸에도 해롭지 않고 보이지도 않기 때문에 채널이나 음량을 바꿀 때 다른 사람들에게 영향을 주지 않는다. 하지만 눈에 보이는 빛이 리모컨에서 발사되어 TV의 센서로 향하면 다른 사람들이 TV를 보는 데 방해가 될 수 있으므로 그리 좋은 아이디어가 아니다.

부록 과학자가 쓰는 과학사

뉴턴이 쓰는 과학사

아이작 뉴턴 경
(1643. 1. 4 ~ 1727. 3. 31)

과학 책을 좋아한 뉴턴

안녕하세요. 물리학자 아이작 뉴턴입니다. 영국의 울스소프라는 작은 시골 마을이 나의 고향입니다. 열 달을 채우지 못하고 미숙아로 태어난 나는 몸이 허약해 죽을 고비를 여러 차례 넘겼지요. 내가 태어난 해는 존경하는 물리학자 갈릴레이가 죽은 해이기도 합니다.

나는 어릴 때부터 수학과 과학을 좋아했어요. 학교에서 배우는 수업보다는 과학 책 읽는 것을 좋아했지요. 특히 내가 좋아한 책은 갈릴레이와 데카르트가 쓴 과학 책이었어요. 그리고 나는 항상 무언가를 만드는 것을 좋아했습니다. 열네 살 때 나는 여동생을 위해 생쥐의 힘을 이용하여 돌아가는 풍차와 물의 힘으로 작동되는 나무 시계 등을 만들어 주었답니다.

여러분은 내가 어릴 때부터 공부를 잘했을 거라고 생각하지요? 킹스 스쿨이라는 초등학교를 다닐 때 나의 시험 성적은 아주 나빴답니다. 어느 정도였는지 알면 아마 깜짝 놀랄 거예요. 우리 반 80명 중에서 거의 꼴등이었어요. 그래서 결국 공부를 못하는 아이들끼리 모인 반에서 수업을 받게 되었지요.

그 시절 나의 운명을 바꿔 놓은 사건이 있었습니다. 어느 날 나보다 공부를 잘하는 학생이 나를 놀린 거예요. 이 일로 나는 그 친구와 결투를 하였고 결국 이겼습니다.

그날 이후, 나는 공부를 잘하는 친구들을 이기고 싶다는 마음이 들었어요. 그래서 열심히 노력했고, 반에서 1, 2등을 다투는 학생이 되었지요.

| 부록 | 뉴턴이 쓰는 과학사 |

빛에 대한 연구

나는 만유인력과 운동의 법칙에 대한 연구로 유명해요. 나는 힘이 작용하지 않으면 물체의 속도가 변하지 않고, 속도를 변화시키는 힘이 작용해야 한다는 운동법칙을 세웠어요. 그리고 땅에 떨어지는 사과의 운동과 태양 주위를 도는 행성의 운동을 모두 만유인력으로 설명했지요. 만유인력과 운동의 법칙에 대한 연구는 나의 저서 《자연철학의 수학적 원리》에 모두 담았습니다.

운동에 대한 의문을 해결한 나는 1665년에 빛에 대한 연구를 시작했습니다. 물론 당시에 빛을 연구하던 물리학자들은 많이 있었어요. 예를 들어 파동으로 유명한 호이겐스나 용수철 법칙으로 유명한 후크 같은 과학자들이 빛에 대한 연구를 활발히 하고 있었지요.

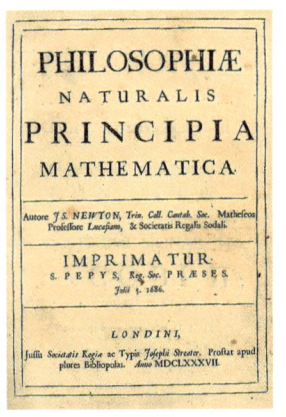

《자연철학의 수학적 원리》 표지. 《프린키피아》라고도 불러요.

그런데 이들은 모두 빛이 파도처럼 위 아래로 출렁거리면서 퍼져 나가는 파동이라고 생각했습니다. (고고 과학특공대 12권 《흔들흔들 파동》을 참고하세요.) 하지만 내 생각은 달랐어요. 나는 빛

흰빛이 프리즘을 통과하면 무지개 색이 나타나요.

이 눈에 보이지 않는 아주 작은 알갱이로 이루어져 있다고 생각했지요.

　그러던 어느 날 나는 놀라운 발견을 하게 되었어요. 어두운 방 안에서 창문에 조그만 구멍을 뚫어, 그 구멍으로 들어오는 흰빛을 프리즘에 통과시켜 보았어요. 그랬더니 프리즘을 지난 빛이 빨강·주황·노랑·초록·파랑·남색·보라의 일곱 가지 색으로 벽에 비춰지는 것이었어요. 나는 이것이 유령처럼 나타났다는 뜻에서 '스펙트럼'이라고 이름을 붙였습니다.

　프리즘으로 들어간 빛은 흰색의 빛인데, 왜 일곱 색깔의 빛이

부록 뉴턴이 쓰는 과학사

나타났을까요? 나는 흰빛 속에 처음부터 일곱 색깔을 띠는 작은 알갱이들이 들어 있다고 생각했어요. 즉 이들이 함께 섞여 있으면 흰빛으로 보이지만 프리즘을 통해 이들을 갈라놓을 수 있다면 일곱 색깔의 빛을 모두 볼 수 있다는 거지요.

 프리즘은 유리로 만들었어요. 빛은 공기 중에서 유리로 들어갈 때 또는 유리에서 공기 중으로 나올 때 꺾여지는데, 이것을 '빛의 굴절'이라고 부릅니다. 그런데 흰빛 속에 있던 일곱 가지 색깔의 빛 알갱이들은 성질이 달라서 프리즘을 통해 꺾이는 정도가 달랐던 거예요. 빨간색 빛을 내는 알갱이들은 프리즘을 통해 적게 꺾이고 보라색으로 갈수록 알갱이들이 심하게 꺾여 '빨주노초파남보'의 스펙트럼을 만들게 되는 거예요.

 여러분은 비 개인 하늘에 펼쳐지는 아름다운 무지개를 본 적이 있지요? 이것도 태양빛이 일곱 색깔의 빛으로 갈라져서 우리 눈에 보이는 현상입니다. 비 개인 직후에 하늘에 떠다니는 물방울들이 프리즘의 역할을 하는 것이지요.

 이렇게 나는 빛이 작은 알갱이들로 이루어져 있고, 그 알갱이의 종류는 일곱 가지라고 주장했어요. 하지만 나의 의견은 빛이 파도와 같이 출렁거리는 현상이라고 믿고 있던 많은 과학자의 공격을 받았답니다. 결국 이 일로 빛에 대한 나의 논문은 영국의 왕립학회에서 발표할 수 없다는 판정을 받기도 했어요.

반사망원경의 발명

1669년, 나는 스물여섯 살의 나이로 케임브리지 대학의 교수가 되었습니다. 교수가 된 나는 학생들에게 수학과 물리를 가르쳤어요. 하지만 내 강의가 너무 어려워서 수업을 듣겠다는 학생은 아주 적었답니다.

이 시기에 나는 새로운 망원경을 발명했어요. 그 당시까지의 망원경은 렌즈를 이용하는 망원경이었습니다. 하지만 렌즈를 이용하면 빛의 굴절 때문에 상이 흐리게 보여 우주를 정확하게 관측할 수 없었어요.

나는 다른 원리로 망원경을 만들어 보기로 했습니다. 렌즈 대신 거울을 이용하는 것이었지요. 이것은 거울을 통해 빛을 반사시켜 물체를 크게 볼 수 있으므로 '반사망원경'이라고 부릅니다. 그러니까 나는 반사망원경의 최초의 발명자지요.

나는 1671년 반사망원경을 영국 왕립학회에 제출했고, 그 덕에 1671년부터 왕립학회의 회원이 되었어요. 1687년에는 만유

| 부록 | 뉴턴이 쓰는 과학사

인력과 운동의 법칙을 다룬 《프린키피아》를 출간했습니다.

그 후 1703년 나는 영국 왕립학회의 회장이 되었고, 1705년에는 영국 앤 여왕으로부터 기사 작위를 받고 과학자 중 최초로 '경(Sir)'의 칭호를 받았습니다.

그렇게 세월이 흐른 후, 1727년 84세의 나이로 나는 조용히 눈을 감았습니다. 그리고 성대한 장례식과 함께 웨스트민스터 성당에 묻히게 되었습니다.

GO! GO! 과학특공대 18
반사하고 굴절하는 빛

지은이 • 정 완 상
펴낸이 • 조 승 식
펴낸곳 • 도서출판 이치 사이언스
등록 • 제9-128호
주소 • 01043 서울시 강북구 한천로 153길 17
홈페이지 • www.bookshill.com
전자우편 • bookshill@bookshill.com
전화 • 02-994-0583
팩스 • 02-994-0073

2012년 12월 10일   제1판 1쇄 인쇄
2022년 1월 15일   제1판 3쇄 발행

가격 7,500원

ISBN 978-89-98007-05-8
978-89-91215-70-2(세트)

• 잘못된 책은 구입하신 서점에서 바꿔 드립니다.

GO! GO! 과학특공대 시리즈

1. 가장 위대한 발명 **수**
2. 끼리끼리 통하는 **암호**
3. 구석구석 미치는 **힘**
4. 찌릿찌릿 통하는 **전기**
5. 온도와 상태를 변화시키는 **열**
6. 세상의 기본 알갱이 **원자**
7. 수·금·지·화·목·토·천·해 **태양계**
8. 몸무게가 줄어드는 **달**
9. 끝없는 초원에서 만난 **아프리카 동물**
10. 숨 쉬고 운동하는 **식물의 생활**
11. 달려라 달려 **속력**
12. 흔들흔들 **파동**
13. 세어볼까? **경우의 수**
14. 울려라 울려 **악기과학**
15. 초록 행성 **지구**
16. 보글보글 **기체**
17. 조각조각 **분수**
18. 반사하고 굴절하는 **빛**
19. 무게가 없는 **무중력**
20. 나눌까 곱할까? **약수와 배수**
21. 꾹꾹 눌러 **압력**
22. 뛰어 보자 **수뛰기**
23. 둥둥 뜨게 하는 **부력**
24. 외계에서 온 **UFO**
25. 쉽고 빠른 셈셈 **셈**
26. 우리의 가장 오랜 친구 **곤충**
27. 밀고 당기는 **자석**
28. 신기하고 놀라운 **삼각형**
29. 맞혀 볼까? **확률**
30. 한눈에 쏙쏙 **통계**

다음 책들이 곧 여러분을 만날 준비를 하고 있습니다.
많이 기대해 주세요.

- 사각형
- 비율
- 도형
- 놀이동산
- 도구
- 액체
- 화학반응
- 용액
- 숲속의 벌레
- 우리 주위의 동물
- 세계 곳곳의 동물
- 새
- 여러 종류의 동물
- 소화
- 인체
- 지구 변화
- 날씨
- 지질시대
- 바다